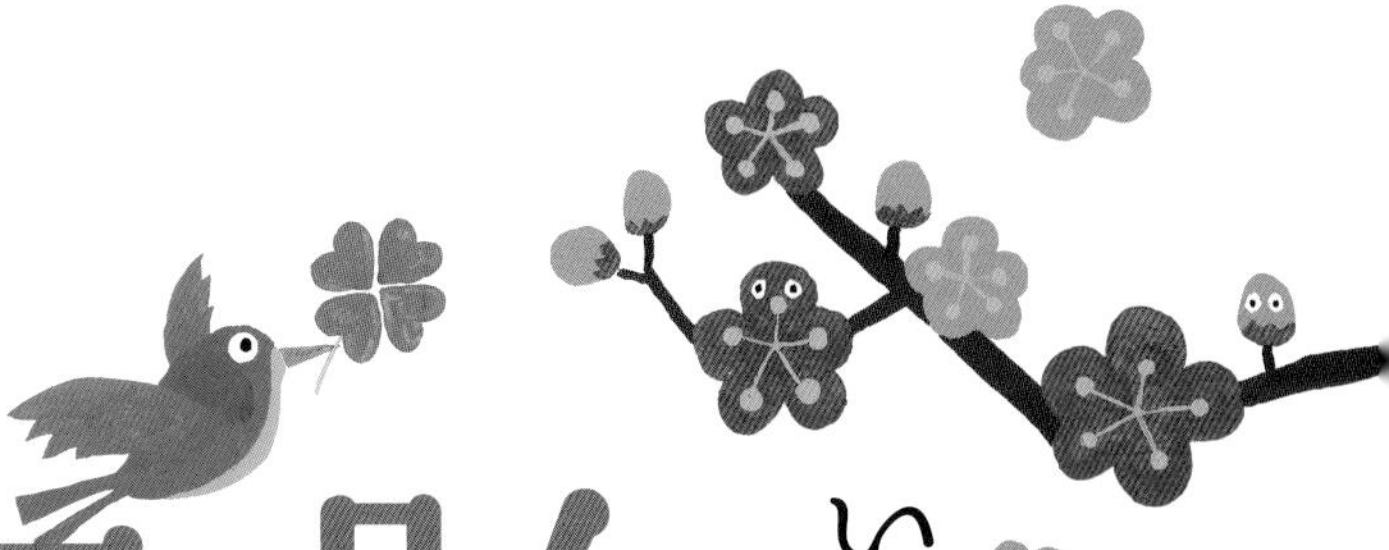

いい子が生まれる

胎教音読

山口謡司《やまぐちヨウジ》
大東文化大学教授

さくら舎

はじめに

おなかの中に赤ちゃんがいるって素晴らしいことですね。

おなかにもうひとつの命が宿っていると考えるだけで、人は不安と期待を一緒にもって、日々、ドキドキ、ワクワクしながら生きることができるのではないでしょうか。

さてみなさん、おなかの中の赤ちゃんに、音楽を聞かせると心が落ち着いていいということを聞いたことがあるでしょう。「胎教」のための音楽ですね。でもじつは、**いろんなお話をおなかの中の赤ちゃんに聞かせてあげることも、とっても大切**なことなのです。

赤ちゃんは、誕生後すぐは泣き声（叫喚音《きょうかんおん》）を、生後二〜三カ月から喉《のど》の奥を鳴らす音（クーイング）を、五カ月から「アーアー」というような発声（喃語《なんご》）を、八カ月頃までに「ママ、バブ」などの子音が加わる発声を、と段階を追って言語を獲得していきます。

これは**お母さんやお父さんなど身近な人たちが話す音声を聞くことによってのみできる**ことなのです。そして、こうした言語の発達を促すためには、お母さんの声をたくさんおなかの中で聞いているこ とがとても大切だということが科学的に証明されています。

近年、スマートフォンなどの発達によって、言葉を発せずに過ごす時間が増えました。ですが、それではおなかの中の赤ちゃんは、お母さんの身体の中で振動する「声」を感じることができません。

ぜひたくさんのいろいろな感情と一緒に、素晴らしい文章を音読して、赤ちゃんに聞かせてあげて下さい。そして生まれてからも、ぜひ続けて下さい。

美しい日本語、おもしろい日本語、むかしの日本語、奥深い日本語の世界、そしてそうした日本語を使って書かれた文学の世界を垣《かい》間《ま》見ながら、ぜひ、おなかにいる赤ちゃん、小さなお子さんと、音読を楽しんでいただければと思うのです。

山口《やまぐち》謠司《ヨウジ》

目次◎いい子が生まれる 胎教音読

・音読しやすいように、旧仮名遣いを現代仮名遣いに変更したり、漢字を新字体にしたりするなど、一部表記を改めています。
・漢字のふりがなは、原典を現代仮名遣いに変更し、原典にふりがなのないものについては、文脈より判断して付しました。
・俳句は、五／七／五と音の切れ目に空白を入れています。短歌は基本的に五／七／五／七／七と空白を入れ、上の句と下の句の間で改行していますが、一部ページの構成上、例外があります。
・物語や小説は、原典から抜粋して掲載しています。

いい子が生まれる　胎教音読

風《かぜ》　竹久夢二《たけひさゆめじ》

風《かぜ》が面白《おもしろ》そうな歌《うた》をうたいながら、ダンスをして躍廻《おどりまわ》るので、干物台《ほしものだい》のエプロンや、子供《こども》の着物《きもの》もダンスをはじめます。すると木《こ》の葉《は》も、枝《えだ》の端《はし》で踊《おど》りだす。街《まち》に落《お》ちていた煙草《たばこ》の吸殻《すいがら》も、紙屑《かみくず》も空《そら》に舞上《まいあが》って踊《おど》るのでした。

竹久夢二《たけひさゆめじ》（一八八四〜一九三四）
岡山県邑久郡本庄村《おくぐんほんじょうむら》（現・瀬戸内《せとうち》市）出身の画家、詩人。絵画の分野では、大正の浮世絵師、日本の近代グラフィックデザインの草分けともよばれます。詩人としては、二十七歳のときに出会った女性との叶わぬ恋を書いた「宵待草《よいまちぐさ》」に友人のバイオリニスト多《おお》忠亮《ただすけ》が曲をつけ、大ヒットしました。結核で四十九歳で亡くなります。

◆風を擬人化して書いた作品です。風はどんなふうに考えるのか、風に飛ばされたものはどんなふうに考えるのか、そんなことを考えてみるのは、とても楽しいことですね。おなかの赤ちゃんがどんなふうに感じているのか、想像を膨らませてみてもいいかもしれません。

E
W

東風《こち》吹《ふ》かば
におい　おこせよ
梅《うめ》の花《はな》

あるじなしとて
春《はる》を忘《わす》るな

菅原道真《すがわらのみちざね》（八四五～九〇三）

お祖父《じい》さん、伯父《おじ》さんが遣唐使《けんとうし》で唐に渡った学者でした。道真も遣唐使大使に任命されますが、唐王朝の崩壊間近だったため渡りませんでした。藤原家の台頭の時期、謀叛《むほん》を企《くわだ》てたとして大宰府《だざいふ》へ大宰員外帥として左遷《させん》されました。太宰府天満宮、北野天満宮、防府《ほうふ》天満宮などで学問の神様として祀《まつ》られています。

◆この歌の最後の部分は初出の『拾遺《しゅうい》和歌集』には「春を忘るな」と書かれています。後世に編まれた『宝物集《ほうぶつしゅう》』から「春な忘れそ」と書かれるようになります。こう詠《うた》って、道真は京都を離れ、大宰府に向かうのですが、梅は飛んで大宰府にやってきて、花を咲かせたといわれます。これが太宰府天満宮の神木である「飛梅《とびうめ》」です。

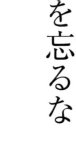

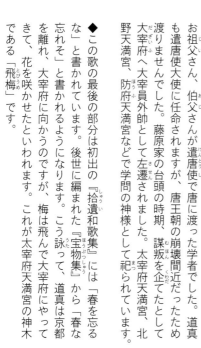

竹《たけ》

萩原朔太郎《はぎわらさくたろう》

光《ひか》る地面《じめん》に竹《たけ》が生《は》え、
青竹《あおたけ》が生《は》え、
地下《ちか》には竹《たけ》の根《ね》が生《は》え、
根《ね》がしだいにほそらみ、
根《ね》の先《さき》より繊毛《せんもう》が生《は》え、
かすかにけぶる繊毛《せんもう》が生《は》え、
かすかにふるえ。

萩原朔太郎《はぎわらさくたろう》（一八八六〜一九四二）
群馬県東群馬郡北曲輪《きたくるわ》（現・前橋市千代田町）出身の詩人です。大正二（一九一三）年、北原白秋《きたはらはくしゅう》編集の雑誌『朱欒《ザンボア》』に詩を発表して詩人としての道を歩み始めます。大正六（一九一七）年に『月に吠える』を出版。森鷗外《もりおうがい》の絶賛を受けました。

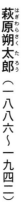

かたき地面《じめん》に竹《たけ》が生《は》え、
地上《ちじょう》にするどく竹《たけ》が生《は》え、
まっしぐらに竹《たけ》が生《は》え、
凍《こお》れる節節《ふしぶし》りんりんと、
青空《あおぞら》のもとに竹《たけ》が生《は》え、
竹《たけ》、竹《たけ》、竹《たけ》が生《は》え。

◆前半部は土のなかで、確実に、強く、たくましく、竹が根を張っていく情景をえがいています。後半部は竹が地面から顔を出し、すくすくと空に向かって伸びていくところです。「かすかにけぶる繊毛が生え」と「凍れる節節りんりんと」などの対照的な表現は、自然を感じてそれを言葉にするおもしろさを教えてくれるようです。

幸福《しあわせ》

島崎藤村《しまざきとうそん》

そこの家《いえ》の人《ひと》は、黄色《きいろ》い沢庵《たくあん》のおこうこまでそのおむすびに添《そ》えてくれました。

※御香香。大根の漬物のこと。

「グウ、グウ、グウ、グウ。」

と兎《うさぎ》は高《たか》いいびきをかいて、さも楽《たの》しそうに昼寝《ひるね》をしていました。

「幸福《しあわせ》」にはそこの家《いえ》の人《ひと》の心《こころ》がよく分《わか》りました。おむすび一《ひと》つ、沢庵一切《たくあんひときれ》にも、人《ひと》の心《こころ》の奥《おく》は知《し》れるものです。それをうれしく思《おも》いまして、その兎《うさぎ》の飼《か》ってある家《いえ》へ幸福《しあわせ》を分《わ》けて置《お》いて来《き》ました。

島崎藤村《しまざきとうそん》（一八七二〜一九四三）

中山道馬籠《なかせんどうまごめ》（現・岐阜市中津川市馬籠）生まれの詩人、小説家。明治学院本科（現・明治学院大学）に入学し、キリスト教の洗礼を受けました。ロマン主義詩人として『若菜集《わかなしゅう》』を発表し有名になり、のちに小説を書くようになります。『破戒《はかい》』は夏目漱石《なつめそうせき》も高く評価

した作品です。七十一歳のとき、大磯の自宅で亡くなりました。

◆大正十（一九二一）年に『婦人之友』に発表されました。「幸福」が「貧乏」と名乗って、汚いかっこうをしてやって来る。それを追い払うか、優しくするか……毎日の生活のなかで、自分を振り返ることの大切さを教えてくれる文章です。

朝顔《あさがお》に　釣瓶《つるべ》とられて　もらい水《みず》

千代女《ちよじょ》（一七〇三〜一七七五）

加賀国松任《かがのくにまっとう》（現・石川県白山市）の表具師の娘として生まれ、幼い頃から俳諧《はいかい》をたしなみました。十七歳のとき、各務支考《かがみしこう》という松尾《まつお》芭蕉《ばしょう》の弟子に、弟子入りを志願、すると「ほととぎす」で一句詠《よ》めと題を出され、「ほととぎすほととぎすとて明けにけり」の名句を詠みました。生涯に千七百以上の句を残したといわれています。

◆「朝顔」は秋の季語。朝、井戸に水を汲《く》みに行くと、釣瓶《つるべ》に朝顔の蔓《つる》が巻きついている。それはそのままにして、水はお隣からもらうことにした、というものなのでしょう。この句は「朝顔に」ではなく「朝顔や」が正しいという説もあります。朝顔が咲いていることに対する驚き、そのはかない美しさが一気に感じられますね。

手袋《てぶくろ》を買《か》いに　新美南吉《にいみなんきち》

子供《こども》の狐《きつね》は遊《あそ》びに行《い》きました。真綿《まわた》のように柔《やわら》かい雪《ゆき》の上《うえ》を駈《か》け廻《まわ》ると、雪《ゆき》の粉《こ》が、しぶきのように飛《と》び散《ち》って小《ちい》さい虹《にじ》がすっと映《うつ》るのでした。

新美南吉《にいみなんきち》（一九一三〜一九四三）

愛知県知多郡半田町《ちたぐんはんだちょう》（現・半田市）出身の童話作家です。結核に罹《かか》り二十九歳の若さで亡くなりました。小学校在学中から文章を書く能力に長《た》けていましたが「家は貧乏、父は吝嗇《りんしょく》、継母《ままはは》は自分をいじめる」という家に育ちました。宮澤賢治《みやざわけんじ》の作品を高く評価していたといわれます。

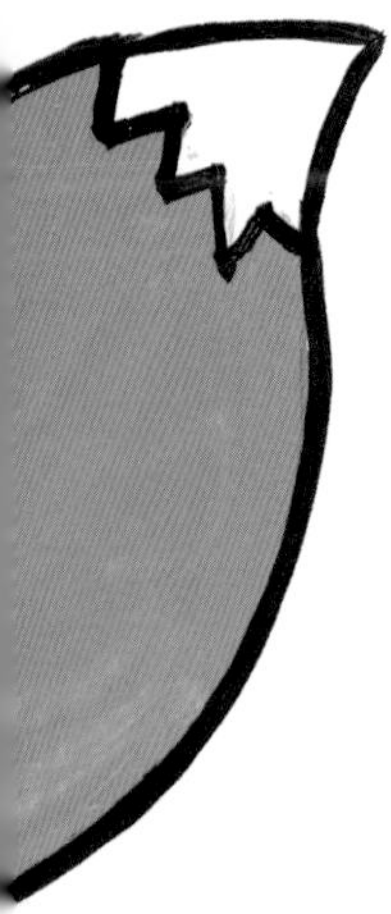

◆一九五四年から二〇一一年まで小学校三年生の国語の教科書に採用されていました。雪の白さを初めて見た子狐が「眼に何か刺さった」という言い方、「雪の粉が、しぶきのように飛び散って小さい虹がすっと映る」などの表現は、読んでいてイメージがスッと頭に広がっていきます。こうした美しい言葉をおなかの赤ちゃんにぜひ、たくさん聞かせてあげて下さい。

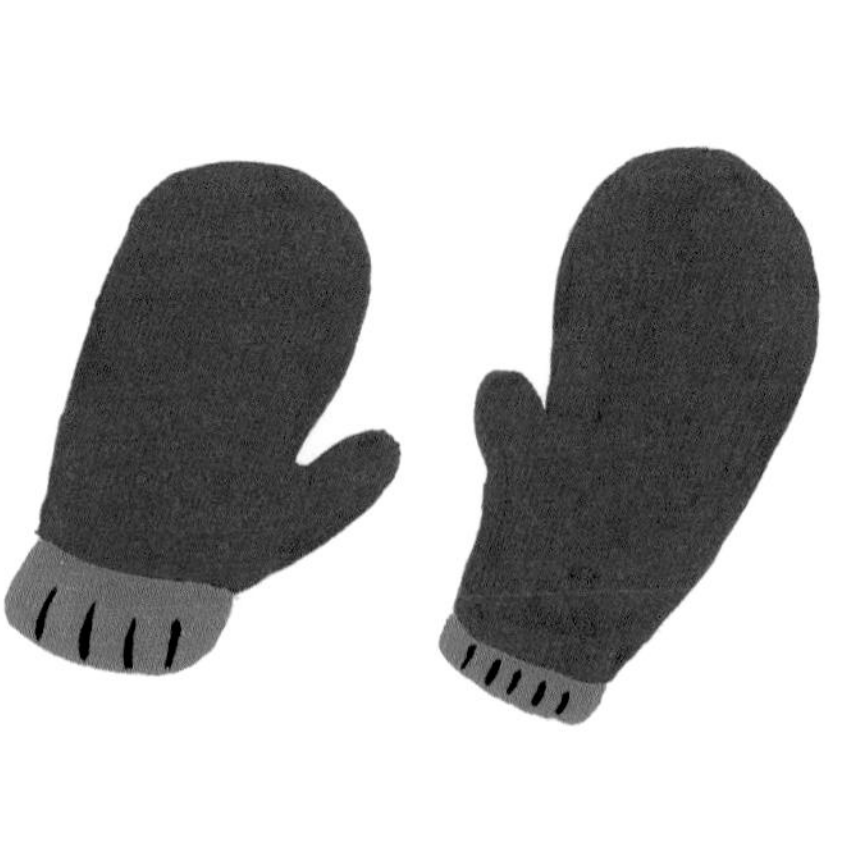

ペンギン

北原白秋《きたはらはくしゅう》

見知《みし》らぬ海《うみ》と空《そら》とに
鳴《な》いている、鳴《な》いている、ペンギン、ペンギン、
なにを鳴《な》くのか、ペンギン、
光《ひかり》と陰影《かげ》の申子《もうしご》。

冷《つめ》たい氷《こおり》のうえから
歌《うた》うてくるペンギン、
なにを慕《した》うのか、ペンギン、ペンギン、
寂《さび》しい空《そら》のこころに。

おそれも悔《くい》もない気《け》ぶりで、

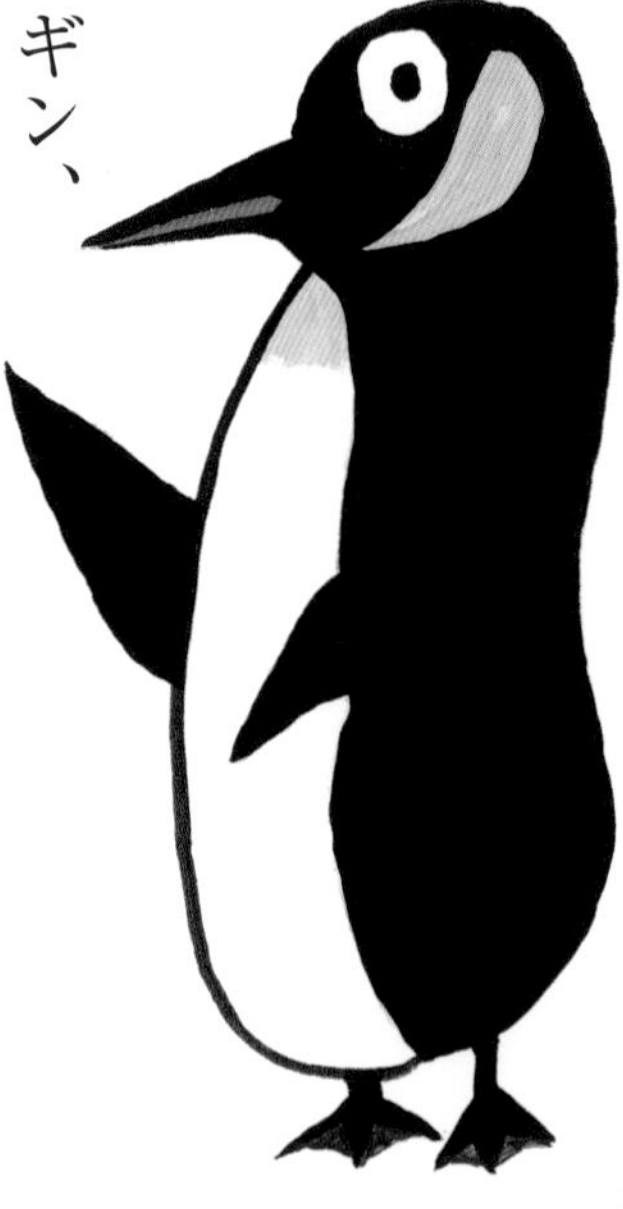

北原白秋《きたはらはくしゅう》（一八八五～一九四二）
熊本県玉名郡関外目村《たまなぐんせきほかめむら》（現・南関町《なんかんまち》）出身の詩人、童話作家、歌人です。二十四歳のときに出版した官能的、唯美《ゆいび》的な詩を集めた『邪宗門《じゃしゅうもん》』の発表で一躍有名になります。たくさんの童謡を発表したり、子どもが書いた詩に添削指導をしたりして、詩の可能性を大きく開いた人物でした。

あるいてくる、ペンギン、
なにが楽《たの》しいのか、ペンギン、
大勢《おおぜい》あつまって、のんきに。

紺《こん》と白《しろ》との燕尾服《えんびふく》で、
ものおもうペンギン、
なにが悲《かな》しいのか、小意気《こいき》な
わかい紳士《しんし》のペンギン。

さらさら悲《かな》しい様子《ようす》も、
うれしそうにもない、ペンギン、
なにを慕《した》うのか、ペンギン、
幽《かす》かな空《そら》の光《ひかり》に。

◆ペンギンのかわいい歩き、上を向いて鳴く姿、それを見つめる北原白秋……上野動物園にペンギンが来たのは、明治時代半ばのことでした。白秋は上野動物園のペンギンを見て、この詩をつくりました。遠い異国に連れてこられたペンギンに寄り添う白秋の優しい言葉が哀しく響きますね。

東《ひんがし》の　野《の》にかぎろいの
立《た》つ見《み》えて
かえり見《み》すれば
月《つき》傾《かたぶ》きぬ

柿本人麻呂《かきのもとのひとまろ》（六六〇頃～七二四頃）

飛鳥《あすか》時代の歌人です。天武《てんむ》天皇の時代から歌人として仕えていたといわれます。讃岐《さぬき》（現・香川県）や石見《いわみの》国《くに》（現・島根県）などに派遣され、現在の島根県益田市で亡くなったとされます。人麻呂は奈良時代前期の歌人である山部赤人《やまべのあかひと》と並んで「歌《か》聖《せい》」とよばれ、三十六歌仙の一人にも選ばれています。

◆「東の野にあけぼのの光が見える、そして振り返って見ると西には月が沈みかけていた」という意味の歌ですが、これは譬喩《ひゆ》で、この歌は奈良県の阿騎野《あきの》というところで軽皇子《かるのみこ》と野営したときにつくったものです。「月」は亡くなった草壁皇子《くさかべのおうじ》、「あけぼのの光」はこれから成長する軽皇子を指しているといわれます。

蛙《かえる》

芥川《あくたがわ》龍《りゅう》之《の》介《すけ》

蛙《かえる》はその池《いけ》の中《なか》で、永《なが》い一日《いちにち》を飽《あ》きずころろ、かららと鳴《な》きくらしている。ちょいと聞《き》くと、それが唯《ただ》ころろ、かららとしか聞《きこ》えない。が、実《じつ》は盛《さかん》に議論《ぎろん》を闘《たたかわ》しているのである。

芥川《あくたがわ》龍《りゅう》之《の》介《すけ》（一八九二〜一九二七）

東京市京橋区入舟町《いりふねちょう》（現・中央区明石《あかし》町《ちょう》）に生まれた小説家。英語、フランス語、ドイツ語などの文献を自在に読む力があったほか、俳句の才能などにも恵まれていた天才です。『河童《かっぱ》』は、主人公が河童のバッグを追いかけるうちに河童の国に迷いこむという不思議な作品で、芥川を知る上では忘れてはならない名作です。

◆大正六（一九一七）年に書かれた作品です。寝転がった主人公のそばにある池で鳴いている蛙の声を聞いて、すべての存在が蛙のためにあるといっていると想像する寓話です。これは『河童』にも通じるものがあります。私たちのものとは違った世界が、私たちのすぐそばにあると考えてみるのは楽しいことですね。

ごん狐《ぎつね》

新美《にいみ》南吉《なんきち》

月《つき》のいい晩《ばん》でした。ごんは、ぶらぶらあそびに出《で》かけました。中山《なかやま》さまのお城《しろ》の下《した》を通《とお》ってすこし行《い》くと、細《ほそ》い道《みち》の向《む》うから、だれか来《く》るようです。話声《はなしごえ》が聞《き》えます。チンチロリン、チンチロリンと松虫《まつむし》が鳴《な》いています。

ごんは、道《みち》の片がわにかくれて、じっとしていました。話声《はなしごえ》はだんだん近《ちか》くなりました。

新美南吉《にいみなんきち》（→18ページ）

◆小学校四年生の教科書に載せられることの多い作品です。新美南吉が書いたオリジナルの作品、児童雑誌『赤い鳥』（→41ページ）に掲載されるときに鈴木三重吉《すずきみえきち》が改訂したもの、小学校三年生用に書き改められたものなどいくつかのバージョンがあります。それぞれのバージョンを探して読んでみるのもおもしろいかもしれません。

谺《こだま》して　山《やま》ほととぎす　ほしいまま

杉《すぎ》田《た》久女《ひさじょ》（一八九〇～一九四六）

鹿児島県鹿児島市に生まれました。美術教師で画家の杉田《すぎた》宇内《うない》と結婚しましたが、絵をかかなくなった夫に失望し、俳句の世界に没頭していきます。三十歳のときに腎臓病を患い、俳句を辞めますが、ふたたび筆を取り、昭和六（一九三一）年には「帝国風景院賞金賞二十句」に入選を果たします。それがここに挙げた句です。

◆久女が福岡県田川郡添田町《そえだまち》と大分県中津市山国町《やまくにまち》にまたがる英彦山《ひこさん》に登ったときに詠《よ》んだ句。英彦山は修験道《しゅげんどう》の神聖な山。五月頃に渡ってくるホトトギスの声がそこに谺するというのです。「ほしいまま」とは「心のままにする」という意味。ホトトギスの「キョキョキョ」という鳴き声の響きを優しく包む感じに満ちています。

赤《あか》い鳥《とり》小《こ》鳥《とり》

北原白秋《きたはらはくしゅう》

赤《あか》い鳥《とり》、小《こ》鳥《とり》、
なぜなぜ赤《あか》い。
赤《あか》い實《み》をたべた。

北原白秋《きたはらはくしゅう》（↓20ページ）

◆大正七（一九一八）年に北原白秋が書いた詩に、成田為《なりたため》三《ぞう》が曲を付け、大正九（一九二〇）年に発表されました。かわいい歌ですね。北原白秋は、これを書いた頃、近所の子どもたちと、まるで自分も子どもに戻ったように無邪気

白《しろ》い鳥《とり》、小鳥《ことり》、
なぜなぜ白《しろ》い。
白《しろ》い實《み》をたべた。
青《あお》い鳥《とり》、小鳥《ことり》。
なぜなぜ青《あお》い。
青《あお》い實《み》をたべた。

に、一緒に遊んでいました。子どもの心を忘れないでいたからこそ、こういうなんでもないかわいい純粋な詩が書けたのでしょう。

ねんねんねむの木《き》

平《ひら》井《い》泰《やす》太《た》郎《ろう》

ある日木《ひき》つつきは、また、うっとりとした聲《こえ》で、例《れい》のように、「ねんねにお出《い》で、寐《ね》にお出《い》で。」と歌《うた》いました。そうすると、今日《きょう》は、小《ちい》さな梟《ふくろう》の子《こ》が、もう半分《はんぶん》眠《ねむ》り眠《ねむ》り、その合歓《ねむ》の木《き》の下《した》へ、よちよちと歩《ある》いて行《い》きかけました。すると、向《む》うから、賢《かしこ》い蛇《へび》が出《で》て来《き》まして、

郵便はがき

切手をお貼りください。

102-0071

東京都千代田区富士見一―二―十一
KAWADAフラッツ一階

さくら舎 行

住所	〒　都道府県		
フリガナ		年齢	歳
氏名		性別	男　女
TEL	(　　　)		
E-Mail			

さくら舎ウェブサイト　www.sakurasha.com

愛読者カード

ご購読ありがとうございました。今後の参考とさせていただきますので、ご協力をお願いいたします。また、新刊案内等をお送りさせていただくことがあります。

【1】本のタイトルをお書きください。

【2】この本を何でお知りになりましたか。

1.書店で実物を見て　2.新聞広告（　　　新聞）
3.書評で（　　　）　4.図書館・図書室で　5.人にすすめられて
6.インターネット　7.その他（　　　）

【3】お買い求めになった理由をお聞かせください。

1.タイトルにひかれて　2.テーマやジャンルに興味があるので
3.著者が好きだから　4.カバーデザインがよかったから
5.その他（　　　）

【4】お買い求めの店名を教えてください。

【5】本書についてのご意見、ご感想をお聞かせください。

●ご記入のご感想を、広告等、本のPRに使わせていただいてもよろしいですか。
□に✓をご記入ください。　□ 実名で可　□ 匿名で可　□ 不可

「もしもし梟《ふくろう》さん、梟《ふくろう》さん。あの合歓《ねむ》の木《き》の下《した》へ行《ゆ》くのはお止《よ》しなさい。うっかり行《ゆ》くと大變《たいへん》な目《め》に合《あ》いますよ。」と言《い》いました。

「だって、一寸寐《ちょっとね》んねをして来《く》るだけですもの」と、梟《ふくろう》は聞《き》かずに行《い》ってしまいました。それから大《おお》きな甲蟲《かぶとむし》の子《こ》も、のそのそ寐《ね》に行《ゆ》こうとしました。それから小猿《こざる》も急《きゅう》に眠《ねむ》くなって、これも、急《いそ》いで寐《ね》に行《い》きました。蛇《へび》は、

「甲蟲《かぶとむし》さん、子猿《こざる》さん。あすこへ行《い》ったが最後《さいご》、もうお家《うち》へ歸《かえ》られはしませんよ。」と、言《い》ってきかせました。でも二人《ふたり》とも、

「やァい嘘《うそ》だい。」と言《い》いながら、どんどん走《はし》って行《ゆ》きました。

その次《つぎ》には小《ちい》さな子兎《こうさぎ》が、半分居眠《はんぶんいねむ》りをしながら、ぴょんぴょんと跳《は》ねて行《ゆ》きかけました。蛇《へび》は、また出《で》て来《き》て止《と》めました。すると兎《うさぎ》は、

「だって木《き》つつきさんが、ああ言《い》って呼《よ》んでくれているんですもの。一寸行《ちょっとい》って寐《ね》て来《く》るだけですよ。」と言《い》いました。

「それがいけないのです。あの木《き》の下《した》へ行《ゆ》くと、きっと、合歓《ねむ》の葉《は》の中《なか》へ吸《す》い込《こ》まれて、それなり出《で》られなくなってしまいます。ほら、あなたのお兄《にい》さんだって今《いま》に歸《かえ》って来《こ》ないでしょう。」

「おや、そう言《い》えば、お兄《にい》さんは、どこかへ行《い》ったきり、こないだから帰《かえ》って来《き》ませんよ。では、私《わたし》はよしましょうね。」と、子《こ》兎《うさぎ》はねむい目《め》をこすりながら、こう言《い》いました。蛇《へび》は、大《たい》そう喜《よろこ》んで、

「おお、いい子《こ》だ。あなたは、ほかの子《こ》とちがって、よく私《わたし》の言《い》うことをお聞《き》きですね。それでは、私《わたし》がいいことを教《おし》えて上《あ》げましょう。」

こう言《い》って、あの、人《ひと》の悪《わる》い木《き》つつきを、わけなく敗《まか》す法《ほう》を教《おし》えてやりました。兎《うさぎ》の子《こ》は、にこにこしながら、合歓《ねむ》の木《き》の下《した》へどんどん走《はし》って行《ゆ》きました。

合歓《ねむ》の木《き》の上《うえ》では、木《き》つつきが、

「ねんねん合歓《ねむ》の木《き》、ねんねの木《き》。

ねんねの合歓《ねむ》の木《き》、ねんねの木《き》、」

と、さっきから、うたいつづけに、歌《うた》いながらこっつりこっつり枝《えだ》を突《つ》っついておりました。

平井泰太郎《ひらいやすたろう》

平井泰太郎がどのような人であるか、まったくわかりません。この作品は児童雑誌『赤い鳥』（→41ページ）に送られて、入選したものです。文学は魔物のようなものと言ったのは尾崎紅葉《おざきこうよう》です。書こうと思って書けるものでもなく、時間をかけて書けばいいものが書けるわけでもありません。でも一度、入賞したり入選したりすると、どうしても書きたくなるものです。

◆合歓の木にいる赤い帽子をかぶった木つつき。「ねんねにお出で」と言われてうとうとしながら、木つつきの歌に誘われてやってくる動物や虫たち……森のなかではこんなことが、実際に起こっているのかもしれません。そう考えるとちょっと怖いお話ですね。

雨《あめ》

北原白秋《きたはらはくしゅう》

雨《あめ》がふります。雨《あめ》がふる。
遊《あそ》びに行《ゆ》きたし、傘《かさ》はなし、
紅緒《べにお》のお下駄《げた》も緒《お》が切《き》れた。

雨《あめ》がふります。雨《あめ》がふる。
いやでもお家《うち》で遊《あそ》びましょう、
千代紙《ちよがみ》折《お》りましょう、たたみましょう。

雨《あめ》がふります。雨《あめ》がふる。
けんけん小雉子《こきじ》が今《いま》啼《な》いた。
小雉子《こきじ》も寒《さ》むかろ、寂《さび》しかろ。

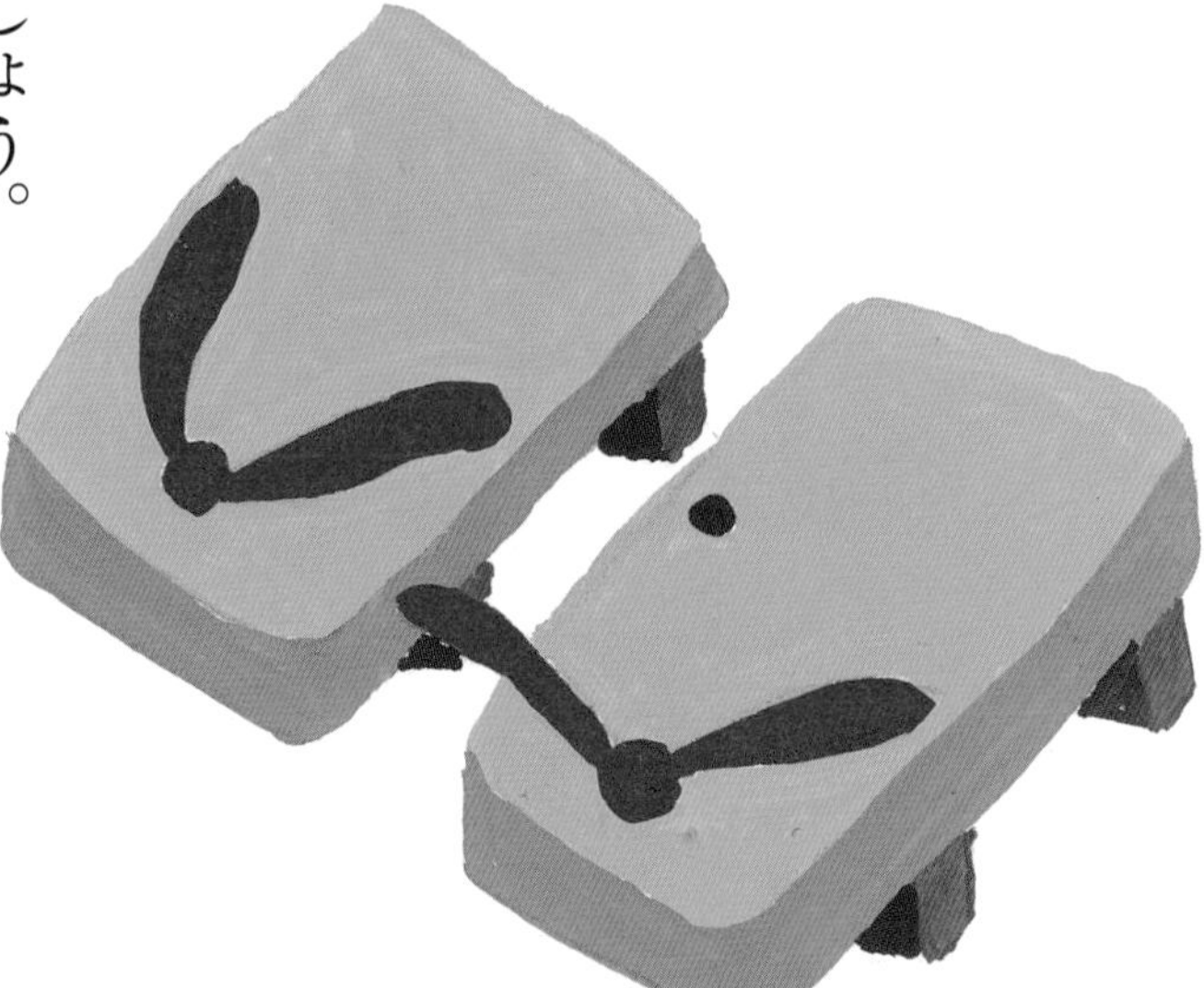

雨《あめ》がふります。雨《あめ》がふる。
お人形《にんぎょう》寝《ね》かせどまだ止《や》まぬ。
お線香花火《せんこうはなび》もみな焚《た》いた。

雨《あめ》がふります。雨《あめ》がふる。
昼《ひる》もふるふる。夜《よる》もふる。
雨《あめ》がふります。雨《あめ》がふる。

北原白秋《きたはらはくしゅう》（↓20ページ）

◆大正七（一九一八）年九月号『赤い鳥』に北原白秋はこの詩を掲載します。そして翌年の八月に弘田《ひろた》龍太郎《りゅうたろう》が曲をつけて発表されました。いま、歌われる「雨」と一番の詩がちょっと違っています。いまは「紅緒の木履《かっこ》」と書かれているのですが、オリジナルでは「紅緒のお下駄」と書かれていました。梅雨の時期、外に行けない小さな女の子たちは、千代紙折り、お人形遊び、線香花火をして遊んでいたのでしょう。

ア、秋《あき》

太宰治《だざいおさむ》

本職《ほんしょく》の詩人《しじん》ともなれば、いつどんな注文《ちゅうもん》があるか、わからないから、常《つね》に詩材《しざい》の準備《じゅんび》をして置《お》くのである。

「秋《あき》について」という注文《ちゅうもん》が来《く》れば、よし来《き》た、と「ア」の部《ぶ》の引《ひ》き出《だ》しを開《ひら》いて、愛《あい》、青《あお》、赤《あか》、アキ、いろいろのノオトがあって、そのうちの、あきの部《ぶ》のノオトを選《えら》び出《だ》し、落《お》ちついてそのノオトを調《しら》べるのである。

トンボ。スキトオル。と書《か》いてある。

太宰治《だざいおさむ》（一九〇九〜一九四八）

青森県北津軽《きたつがる》郡金木村《かなぎむら》（現・五所川原《ごしょがわら》市）出身の小説家です。青森県立青森中学校のときに読んだ井伏鱒二《いぶせますじ》の『山《さん》椒魚《しょううお》』を読んで感激し、小説家を志望するようになりました。『斜陽』『人間失格』『桜桃《おうとう》』などの名作がありますが、自己破滅型の私小説作家で、残念ながら愛人と玉川上水《たまがわじょうすい》に入水《じゅすい》し心中してしまいます。

◆太宰の文章には深い優しさで女性に共感を促す仕掛けが、見えないように施されています。大震災後の焼け野原で、ひとり疲れてしゃがんでいる女性の写真を見て「息がとまるほどに、苦しかった」と書き、その苦しさを「枯野のコスモス」や「秋の朝顔」にも感じると例えています。どうぞこの繊細な文章を堪能してください。

大《おお》いたち

鈴木三重吉《すずきみえきち》

大鼬《おおいたち》は、

「それでは、すぐに踊《おど》りをはじめよう。私《わし》が歌《うた》をうたうから、みんなで踊《おど》るんだよ。さあ目《め》をお閉《つぶ》り。いいかい。踊《おど》りがすむまでその目《め》を開《あ》けてはいけないよ。」と言《い》いました。

そして、早速《さっそく》、

「アオー、ウームー、ホーウ。

ムール、ムール、ムール、

アムアムアムアム。

アオー、ウームー、ホーウ。
ムール、ムール、
アムアムアム。」
と、大《おお》きな聲《こえ》で歌《うた》い出《だ》しました。みんなは、かたく目《め》をつぶったまま、その歌《うた》に合《あ》わせて、くるくる、くるくる踊《おど》りました。

大鼬《おおいたち》は、おしまいのアムアムアムのところへ来《く》ると、わざと、力一《ちからいっ》ぱい大聲《おおごえ》を張《は》り上《あ》げて歌《うた》いました。そして、そのたんびに、「アムアムアム、ギュッ」と、鴨《かも》の頸《くび》をつかまえて、一《いっ》ぴきずつ、袋《ふくろ》の中《なか》へ入《い》れました。

鈴木三重吉《すずきみえきち》（一八八二〜一九三六）

広島県広島市出身の小説家、児童文学者です。東京帝国大学文科大学英文学科に進学し、夏目漱石《なつめそうせき》の講義を受けました。中学の頃からすでに童話を書いていて、「千鳥」という小説を漱石に見せ、それが雑誌『ホトトギス』に掲載されるなどして文壇に登場しました。

◆三重吉が真剣に児童文学に携わるようになったのは、長女すずが生まれたことが大きなきっかけであったと自ら回顧しています。「大いたち」は、三重吉がはじめた児童向け雑誌『赤い鳥』に初めて載せたものでした。大正七（一九一八）年に創刊した『赤い鳥』は、子どもたちのみならず、作家にも大きな影響を与えました。

天《あま》つ風《かぜ》　雲《くも》の通《かよ》い路《じ》　吹《ふ》きとじよ
おとめの姿《すがた》　しばしとどめん

遍昭《へんじょう》（八一六〜八九〇）
桓武《かんむ》天皇の孫という高貴な生まれでしたが、寵遇《ちょうぐう》を受けた仁明《にんみょう》天皇の崩御に感じるところがあって出家し、花山僧正《かざんそうじょう》とよばれました。ただ、出家に際してはその意志を妻にも告げず、出家前はかなりの色好みだったなどの逸話が『大和《やまと》物語』『今昔《こんじゃく》物語集』などに記されています。

◆この歌は、出家前に書かれたものです。「天を吹く風よ、天女たちが帰って行く雲のなかの通り道を吹いて閉ざしてやっておくれ。あの乙女たちの美しい舞姿《まいすがた》を、もう少しだけ、この地上にとめておきたいのだよ」という歌です。陰暦十一月の新嘗祭《にいなめさい》の翌日に美しい五人の女性が踊る「豊明節会《とよあかりのせちえ》」で詠《よ》まれたものです。

黄金《こがね》の卵《たまご》　坂田《さかた》鉋瓜《ほうか》

昔《むかし》ある眞暗《まっくら》な森《もり》の側《そば》に、螢《ほたる》の子《こ》が一匹《いっぴき》住《す》んでおりました。ある日《ひ》、その子螢《こぼたる》が、近《ちか》くの小川《おがわ》で水《みず》を浴《あ》びておりますと、どこか、じきそこいらで、

「ほしやほしや、
灯《ひ》がほしや、
黄金《こがね》の卵《たまご》が沈《しず》んだ。
卵《たまご》とりたや、
灯《ひ》がほしや。」

と、小鳥《ことり》のような美《うつく》しい聲《こえ》で謡《うた》っているのが聞《きこ》えました。螢《ほたる》は一《いっ》たい誰《だれ》だろうと思《おも》って、あたりを見廻《みまわ》しました。すると、じき向《むこう》の岸《きし》に、金《きん》や銀《ぎん》や、いろんな寶石《ほうせき》の飾《かざ》りのついた、綺麗《きれい》な縫模《ぬいも》様《よう》の着物《きもの》を着《き》たお姫《ひめ》さまが、両方《りょうほう》の目《め》に涙《なみだ》を一《いっ》ぱいうかべながら、悲《かな》しそうに、「ほしやほしや灯《ひ》がほしや」と、一人《ひとり》で繰《く》り返《かえ》し、くりかえし歌《うた》っているのでした。

螢《ほたる》の子《こ》は、生《うま》れてから、こんな、美《うつく》しい、お姫《ひめ》さまを見《み》たことがありませんでした。そんな、いいお姫《ひめ》さまが、しくしく泣《な》いているのを見《み》ると、螢《ほたる》は自分《じぶん》までが、ひとりでに悲《かな》しくなりました。

「もしもし、お姫様《ひめさま》、何《なに》がそんなにお悲《かな》しいのでございます。」

と、螢《ほたる》はこう言《い》って、尋《たず》ねました。

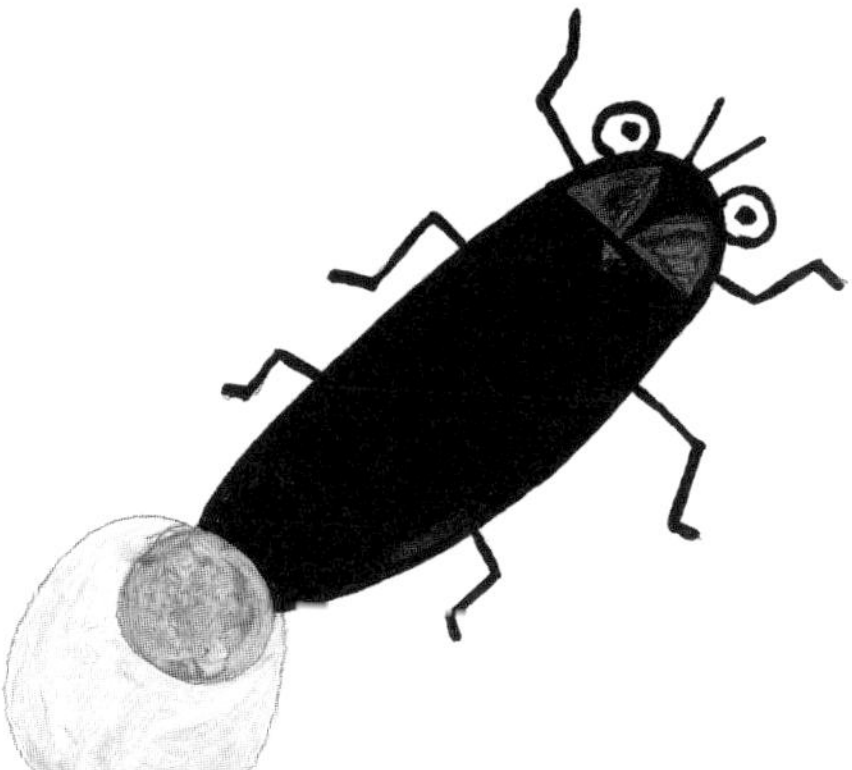

坂田《さかた》匏瓜《ほうか》

坂田匏瓜という人がどういう人か、まったくわかりません。『赤い鳥』の「投稿」作品でないことは確かですが、この一本だけが作品として遺されています。

◆とっても繊細なタッチで書かれたこの文章は、あまり知られていませんが、ぜひ、声に出して読んでもらいたいと思います。大正時代の言葉、とくに『赤い鳥』で使われた言葉は、クリスタルのように美しく輝いています。

雪《ゆき》の障子《しょうじ》

島崎藤村《しまざきとうそん》

この雪《ゆき》が来《き》た晩《ばん》の静《しず》かさ、戸《と》の外《そと》はひっそりとして音一《おとひと》つしなかった。あれは降《ふ》り積《つ》もるものに潜《ひそ》む静《しず》かさで、ただの静《しず》かさでもなかった。いきぐるしいほど乾《かわ》き切《き》ったこの町中《まちなか》へ生気《せいき》をそそぎ入《い》れるような静《しず》かさであった。

にわかに北《きた》の障子《しょうじ》も明《あか》るい。雪《ゆき》が来《き》て部屋々々《へやべや》の隅《すみ》にある暗《くら》さを追《お》い出《だ》したかのよう。こんなものが降《ふ》ったというだけでも、何《なに》がなしにうれしいところを見《み》ると、いくつになってもわたしなぞはまだ雪《ゆき》の子供《こども》だと見《み》える。

島崎藤村《しまざきとうそん》（↓14ページ）

◆雪の降る夜の静けさをひとり森々《しんしん》と感じるという経験がありますか。「雪の中にはいろいろなものが隠れている」と藤村は書いていますが、雪の下に隠れているものを、自分の想像で書き出してみてはいかがでしょうか。いままであまり気がつかなかったものが見えてくるかもしれません。

虫《むし》　八木重吉《やぎじゅうきち》

虫《むし》が鳴《な》いてる
いま　ないておかなければ
もう駄目《だめ》だというふうに鳴《な》いてる
しぜんと
涙《なみだ》がさそわれる

八木重吉《やぎじゅうきち》（一八九八～一九二七）

二十九歳の若さで亡くなった詩人です。当時鎌倉にあった神奈川県師範学校予科（現・横浜国立大学）などを出て、兵庫県の御影《みかげ》師範学校（現・神戸大学国際人間学部）の教師となりました。その後、千葉県の東葛飾《ひがしかつしか》中学校（現・千葉県立東葛飾高等学校）に転じますが、結核に罹《かか》って若い命を落としたのでした。

◆八木は「草をむしれば　あたりがかるくなってくる　わたしが　草をむしっているだけになってくる」（「草をむしる」）という詩を残しています。「無心」であること、そうして透明になっていく自分を探究しながら、八木はキリスト教への信仰を深めていきました。虫に対する優しい八木の目が光ります。

烏《からす》の手柄《てがら》　小島政二郎《こじままさじろう》

大烏《おおがらす》は、棘《とげ》のもがもが出《で》ている茨《いばら》の枝《えだ》を、どっさり取《と》って来《き》て、こっそりと、鷗《かもめ》の家《うち》の前《まえ》の小道《こみち》へぎっしり並《なら》べておきました。

それから、そっと鷗《かもめ》の獨木舟《まるきぶね》の綱《つな》を切《き》っておいてわざと息《いき》を切《き》らしながら、鷗《かもめ》の家《うち》へかけて行《い》って、

「おおい鷗《かもめ》さん、大變《たいへん》だ大變《たいへん》だ。君《きみ》んとこの舟《ふね》が流《なが》れるよ。ああ流《なが》れる流《なが》れる。」と大聲《おおごえ》で怒鳴《どな》り立《た》てました。

鷗《かもめ》はびっくりして、靴《くつ》もはかずに、裸足《はだし》のまま飛《と》び出《だ》して、

「おや、綱《つな》が切《き》れたんだな。おおいだれか来《き》てくれ、大變《たいへん》だ大變《たいへん》だ。」と言《い》いながら、泡《あわ》をくって、茨《いばら》の中《なか》をめちゃくちゃに駈《か》けぬけて、海《うみ》ばたへ飛《と》んで行《ゆ》きました。

大烏《おおがらす》はそのあとから、靴《くつ》でどんどん駈《か》けて行《い》って鷗《かもめ》を手《て》つだって、舟《ふね》を引《ひ》き上《あ》げてやりました。

鷗《かもめ》は、それでやっと安心《あんしん》したと思《おも》うと、急《きゅう》に足《あし》の裏中《うらじゅう》が一面《いちめん》に、ひりひり痛《いた》むのに氣《き》がつきました。

「ああ痛《いた》い痛《いた》い、どうしたのだろう。おお痛《いた》い痛《いた》いああ痛《いた》い痛《いた》い。」と言《い》いながら、變《へん》な腰《こし》つきをして、びっこをひきひき家《うち》へかえりました。

小島政二郎《こじままさじろう》（一八九四〜一九九四）

東京府東京市下谷《したや》区の呉服商の家に生まれました。慶應義塾大学文学部在学中に先輩の作家の文章、文体を批評した『オオソグラフイ』を書き、森鷗外《もりおうがい》から高く評価されました。大学卒業後は鈴木《すずき》三《み》重吉《えきち》の『赤い鳥』の編集に携わり、講釈師・神田《かんだ》伯龍《はくりゅう》を題材にした短編『一枚看板』で名声を得ました。

◆小島政二郎は落語や講談に子どもの頃から親しんだ人でした。これは大学を卒業したばかりの頃に書いた作品ですが、こうした話芸を耳で聞いて培った心地よさを感じることができます。ぜひ、皆さんも落語や講談など江戸時代から伝わる話芸にも耳を傾けてみてください。

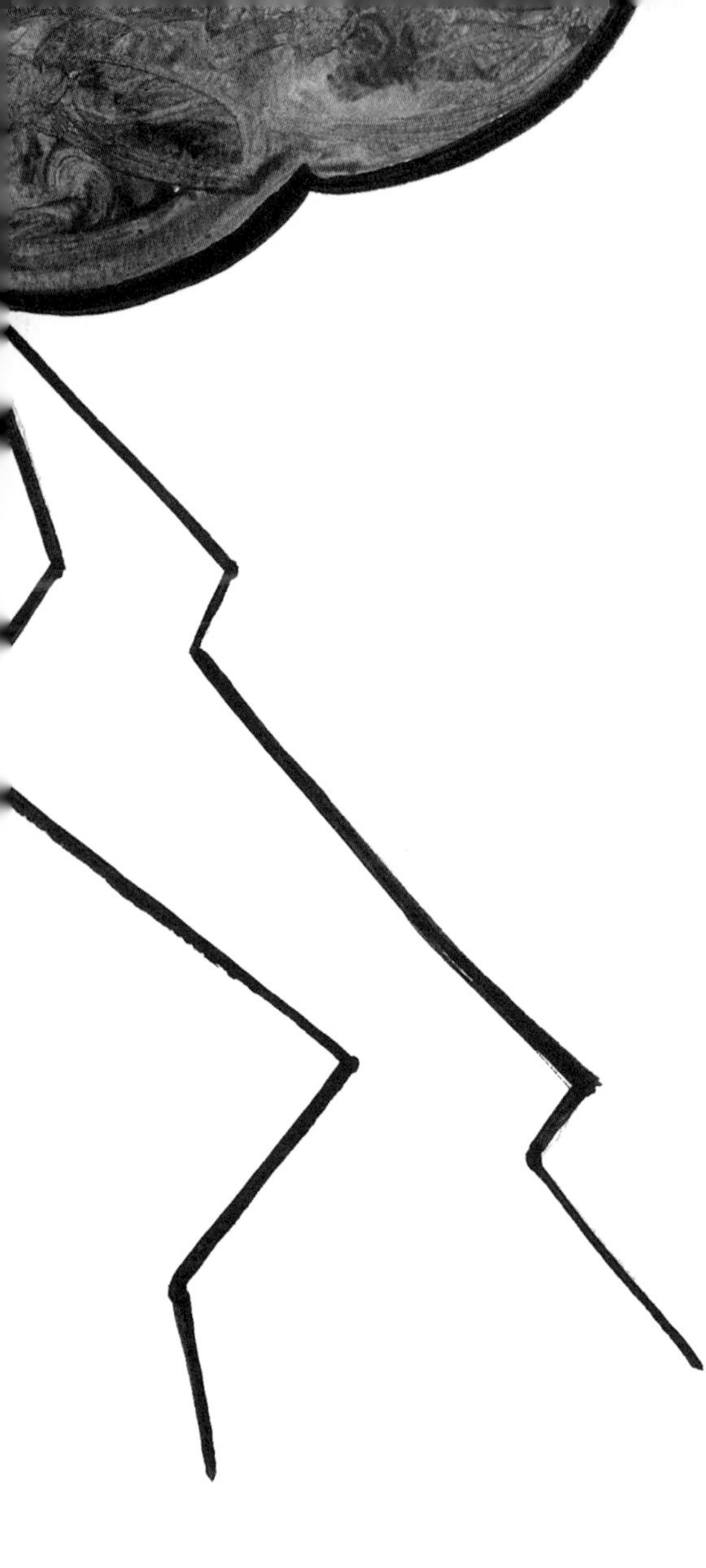

寒雷《かんらい》や　びりりびりりと　真夜《まよ》の玻璃《はり》

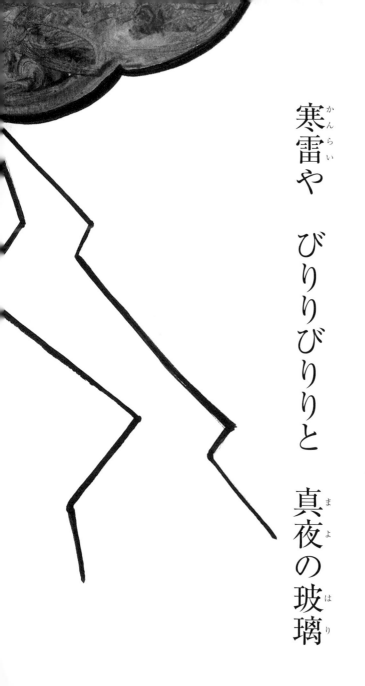

加藤楸邨《かとうしゅうそん》（一九〇五〜一九九三）

東京市北千束《きたせんぞく》（現・大田区北千束）に生まれましたが、父親の転勤で関東、東北、北陸を転々として過ごしました。埼玉県立粕壁《かすかべ》中学校（現・埼玉県立春日部《かすかべ》高等学校）の教員となり、同僚に誘われてそれまで興味のなかった俳句の道に入ります。青山学院女子短期大学国文科教授。朝日俳壇の選者などを務めました。

◆「玻璃」とは「ガラス」のこと。ここではガラス戸あるいはガラス窓をいいます。冬、真夜中に大きな雷が鳴り響くと、ガラス戸が「びりりびりり」と震えるのです。

「びりりびりり」には、強い緊張感がみなぎっています。恐怖、真冬の冷たさ、眠れない神経、「ガラス戸」を「玻璃」と書くことでより「張り」が感じられませんか。

ぶくぶく長々火《ながながひ》の目小僧《めこぞう》

鈴木三重吉《すずきみえきち》

これは、昔《むかし》も昔《むかし》も大昔《おおむかし》のお話《はなし》です。その時分《じぶん》は、今《いま》とすっかり違《ちが》って、鼠《ねずみ》でも靴《くつ》をはいて歩《ある》いていました。そして、猫を片《かた》はしから取《と》って食《た》べました。鱸馬《ろば》も剣《けん》をつるして威張《いば》っておりました。鶏《にわとり》は、しじゅう、犬《いぬ》を追《お》っかけ廻《まわ》していじめておりました。

（中略）

その頃《ころ》、ある國《くに》の王《おう》さまに、それはそれは美《うつく》しい、そして、また大變《たいへん》に賢《かしこ》い、いい王女《おうじょ》が一人《ひとり》ありました。そんな王女《おうじょ》のことですから、世界中《せかいじゅう》の王《おう》さまや王子《おうじ》が、だれもかれもみんなお嫁《よめ》に欲《ほ》しがって、入《い》り代《かわ》り入《い》り代《かわ》り絶《た》えず方々《ほうぼう》から貰《もら》いに来《き》ました。

併《しか》し王女《おうじょ》は、どんな立派《りっぱ》な人《ひと》から貰《もら》いに来《こ》られても、必《かなら》ず厭《いや》だ厭《いや》だと言《い》って、いちいち撥《は》ねつけてしまいました。

鈴木三重吉《すずきみえきち》（↓41ページ）

鈴木三重吉の『赤い鳥』に投稿して採用されて童話作家になった人として新美南吉《にいみなんきち》、坪田譲治《つぼたじょうじ》を挙げることができます。また新美南吉をこの世に広く知らしめた巽聖歌《たつみせいか》は『赤い鳥』を通して童謡作家になりました。巽は「垣根の垣根の曲がり角♪」でおなじみの「たきび」の作者です。

◆「世界中の王さまや王子が、だれもかれもみんなお嫁に欲しがる」ような王女さまってどんな人なのでしょうか。なぜ、王女さまは、「どんな立派な人から貰いに来られても、必ず厭だ厭だ」と言って断るのでしょうか。この謎を考えて自由に発想してみるのも楽しいかもしれません。じつは、王女は魔女だったのです。

かなりあ

西條八十《さいじょうやそ》

——唄《うた》を忘《わす》れた金絲雀《かなりあ》は後《うしろ》の山《やま》に棄《す》てましょか。
——いえ、いえ、それはなりませぬ。
——唄《うた》を忘《わす》れた金絲雀《かなりあ》は背戸《せど》の小藪《こやぶ》に埋《う》めましょか。
——いえ、いえ、それもなりませぬ。
——唄《うた》を忘《わす》れた金絲雀《かなりあ》は柳《やなぎ》の鞭《むち》でぶちましょか。
——いえ、いえ、それはかわいそう。
——唄《うた》を忘《わす》れた金糸雀《かなりあ》は

象牙《ぞうげ》の船《ふね》に、銀《ぎん》の櫂《かい》、
月夜《つきよ》の海《うみ》に浮《うか》べれば、
忘《わす》れた唄《うた》をおもいだす。

西條八十《さいじょうやそ》（一八九二～一九七〇）

東京市牛込区牛込払方町《はらいかたまち》（現・新宿区払方町）出身の詩人、フランス文学者です。早稲田大学文学部英文学科を卒業するとフランスに留学し、パリでポール・ヴァレリーなどと交遊しました。戦後、歌謡曲の作詞も手掛け、「青い山脈」「蘇州夜曲《そしゅうやきょく》」「王将」などを書いています。

◆西條八十が二十六歳のときに書いた詩です。大正九（一九二〇）年、成田為三《なりたためぞう》の曲が付けられ、「かなりあ」と改められました。昭和三十五（一九六〇）年まで「唱歌」として小学校五年生の教科書に掲載されました。「象牙の船に、銀の櫂、月夜の海に浮べれば、忘れた唄をおもいだす」というところなどは、美しいフランスの象徴詩を彷彿させる部分です。

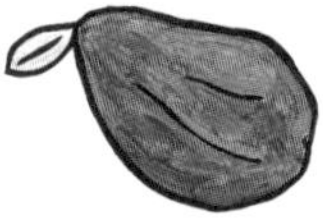

風《かぜ》の又三郎《またさぶろう》

宮澤賢治《みやざわけんじ》

どっどど　どどうど　どどうど　どどう
青《あお》いくるみも吹《ふ》きとばせ
すっぱいかりんも吹《ふ》きとばせ
どっどど　どどうど　どどうど　どどう

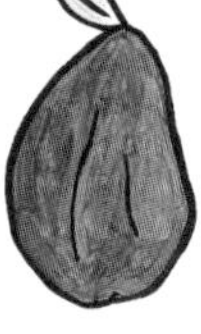

宮澤賢治《みやざわけんじ》（一八九六〜一九三三）

仏教を深く信じ、岩手県立花巻《はなまき》農学校で農業を教えた童話作家です。急性肺炎に罹《かか》り、三十七歳の若さで亡くなりました。「雨ニモマケズ　風ニモマケズ」、『銀河鉄道の夜』など現在まで広く読まれる詩や童話は少なくありません。不思議な擬音語、擬態語をつくった人でもありました。

◆宮澤賢治が亡くなった翌年に発表された作品です。「どっどど　どどうど……」と吹く風の音を聞いたことがありますか？　九月一日に新学期を迎えた学校に登校するところからこの小説は始まります。九月一日は、「二百十日」とよばれ、台風が吹き荒れる季節なのです。その風の精こそ「風の又三郎」なのです。

鼻《はな》きき源兵衛《げんべえ》

森田草平《もりたそうへい》

昔《むかし》、江戸《えど》のあるところに、大《おお》きな呉服屋《ごふくや》がありました。ある日《ひ》、その内《うち》へ一人《ひとり》の立派《りっぱ》なお侍《さむらい》が、

「許《ゆる》せよ」と言《い》いながら這入《はい》って来《き》ました。そして片手《かたて》に持《も》っていた包《つつみ》をほどいて、中《なか》から黒塗《くろぬり》の箱《はこ》に這入《はい》っている、古《ふる》い古《ふる》い切《き》れを取《と》り出《だ》して、そこにいた番頭《ばんとう》に見《み》せました。

「この品《しな》は、御先祖《ごせんぞ》から代々《だいだい》わが御主君《ごしゅくん》の家《いえ》に傳《つたわ》っておる大事《だいじ》の品《しな》であるが、この度《たび》お姫《ひめ》さまがお輿入《こしいれ》をなさるについて、この切《き》れでお守《まも》り袋《ぶくろ》をお拵《こしら》えになろうと仰《おっしゃ》るのだ。ところが、この切《き》れはなんという名《な》か、品物《しなもの》の名前《なまえ》が分《わ》からん。出入《でい》りの呉服屋《ごふくや》を呼《よ》んで、いろいろ調《しら》べさせて見《み》たが、やはり分《わ》からんと申《もう》す。聞《き》けば、お前《まえ》のところは古《ふる》くからやっている店《みせ》だそうだが、多《おお》くの品《しな》物《もの》を取《と》りあつかっているうちには、この品《しな》と同《おな》じような品《しな》をさだめし目《め》にしたことがあろうと思《おも》う。一《ひと》つ目利《めきき》をして貰《もら》いたい。分《わ》かれば、相當《そうとう》の禮《れい》はする。望《のぞ》みとあらば、お屋敷《やしき》へお出入《でいり》の出来《でき》

るように、取《と》り計《はか》らってやる。」
こう言《い》って、お侍《さむらい》はその切《き》れを番頭《ばんとう》の手《て》にわたしました。

森田草平《もりたそうへい》（一八八一～一九四九）
岐阜県方県郡鷺山村《かたがたぐんさぎやまむら》（現・岐阜市）に生まれました。東京帝国大学英文科に入学し、夏目漱石《なつめそうせき》の弟子となります。平塚《ひらつか》らいちょうと駆け落ちをし、心中未遂事件（煤煙《ばいえん》事件）を起こすなどして漱石を困らせることもありました。

◆江戸時代の武士のしゃべり方で書かれていますが、テレビや映画で聞くのとそっくりですね。森田草平など明治時代前半に生まれた人たちは、まだ江戸時代の武士を直接見た、少なくとも武士の雰囲気を肌で感じたことがあった人たちです。この頃の文章を読むと、古い時代から受け継がれてきたものを感じることができます。

木《こ》の實《み》　烏《からす》の櫛《くし》

河上《かわかみ》ぬひ子《こ》

裏《うら》の裏《うら》の松山《まつやま》で、
　烏《からす》の櫛《くし》ひろた。
ひろた、ひろた、
　烏《からす》の櫛《くし》ひろた。
おこんがひろた。
　おくみがひろた。
お寺《てら》の小僧《こぞう》さんも拾《ひろ》わした。
　ひろたはよいが、

さされぬさされぬ泣《な》かしゃった。
お寺《てら》の小《こ》僧《ぞう》さんが泣《な》かしゃった。
おしゃれのおこんが泣《な》いていた。
おくみもうしろで泣《な》いていた。

河上《かわかみ》ぬひ子《こ》

どのような人なのかは不明です。「お寺の小僧さんも拾わした」「さされぬささされぬ泣かしゃった」という言葉遣いからすると、九州北部（福岡、佐賀、長崎）の人ではないかと思われます。

◆『赤い鳥』に投稿された作品です。これを選んだのは北原白秋《きたはらはくしゅう》。『赤い鳥』に自分が投稿したものが載るなんて、どれほど嬉しいことだったでしょうか。そんなドキドキ感も、この詩を読むときには感じてもらえればと思います。

田園《でんえん》の憂鬱《ゆううつ》

佐藤春夫《さとうはるお》

その家《いえ》が、今《いま》、彼《かれ》の目《め》の前《まえ》へ現《あらわ》れて来《き》た。

初《はじ》めのうちは、大変《たいへん》な元気《げんき》で砂《すな》ぼこりを上《あ》げながら、主人《しゅじん》の後《あと》になり前《まえ》になりして、飛《と》びまわり纏《まと》わりついて居《い》た彼《かれ》の二疋《にひき》の犬《いぬ》が、ようよう柔順《じゅうじゅん》になって、彼《かれ》のうしろに、二疋並《にひきなら》んで、そろそろ随《つ》いて来《く》るようになった頃《ころ》である。

佐藤春夫《さとうはるお》（一八九二〜一九六四）

和歌山県東《ひがし》牟《む》婁《ろ》郡《ぐん》新宮町《しんぐうちょう》（現・新宮市）出身の詩人、小説家です。高校の頃から小説や短歌などを発表しました。絵画にも才能があり、二科展《にかてん》などに出品しています。大正八（一九一九）年に『田園の憂鬱』を発表して以降、佐藤は膨大な評論を書くなどして文壇の大御所としての地位を確立していきました。

◆『田園の憂鬱』は別に『病める薔薇《そうび》』というタイトルも付けられています。神奈川県都筑郡中里村鉄（現・横浜市青葉区鉄町《くろがねちょう》）が舞台ですが、ここには、小川や美しい武蔵野《むさしの》らしい丘陵地帯が残っていました。当時佐藤は神経衰弱に罹《かか》っており、自然の中に身を置くことで、自己蘇生を願っていたのでした。

泣《な》いて褒《ほめ》られた話《はなし》

有島生馬《ありしまいくま》

お父様《とうさま》が夕方《ゆうがた》お帰《かえ》りになると、秀子《ひでこ》はきっと、おそばにくっついていて、その日見《ひみ》たり聞《きい》たりした色色《いろいろ》のお話《はなし》をしてあげるのが上手《じょうず》でした。又《また》お父様《とうさま》も秀子《ひでこ》のお話《はなし》をお聞《き》きになるのを大變楽《たいへんたのし》みにして歸《かえ》っていらっしゃいました。

ある夕方《ゆうがた》お父様《とうさま》が玄関《げんかん》の格子戸《こうしど》をがらりとあけてお歸《かえ》りになると、秀子《ひでこ》はいつもよりも一層元氣《いっそうげんき》よく飛《と》んで来《き》て、なんと云《い》いましたろう。

「お父様《とうさま》お歸《かえ》り遊《あそば》せ。今日佐山《きょうさやま》の叔母様《おばさま》がお出《いで》になって、いい猫《ねこ》の子《こ》を二疋《にひき》よそから貰《もら》ったから、一《ひと》つ持《も》って来《き》てあげようかとおっしゃったの。お母様《かあさま》がお父様《とうさま》に伺《うかが》って、いいとおっしゃったら頂《いただ》きましょうって。ねお父様頂《とうさまいただ》いてもいいでしょう。ねお父様《とうさま》。」と一生懸命《いっしょうけんめい》にお父様《とうさま》にせびりますと、お父様《とうさま》はちょっと考《かんが》えてから、

「お前《まえ》が可愛《かわい》がって、よく世話《せわ》をするならば、貰《もら》ってもいいでし

ょう。」

とお許《ゆる》しになりました。

秀子《ひでこ》はもともと動物《どうぶつ》の好《す》きな小供《こども》でしたから、猫《ねこ》の子《こ》を佐山《さやま》の叔母《おば》さんから貰《もら》えると思《おも》うと、もう嬉《うれ》しくって、嬉《うれ》しくって、じっとしていられない位《くらい》でした。叔母《おば》さんから聞《き》いた猫《ねこ》の子《こ》のお話《はなし》をいろいろお父様《とうさま》にしてあげました。

「こんなに小《ちい》さいんですって」とか、「一《ひと》つは三毛《みけ》で、一《ひと》つは白《しろ》と黒《くろ》の斑《ぶち》なんですって」とか、「おかかのかかったご飯《はん》は喰《た》べるけれども、牛乳《ぎゅうにゅう》はあんまり好《す》きでないんですって」とか、お父様《とうさま》がご飯《はん》をあがるうち中《じゅう》、猫《ねこ》の話《はなし》ばかりしていました。

有島生馬《ありしまいくま》（一八八二〜一九七四）
横浜市出身の日本画家、作家です。同じく作家の有島武郎《ありしまたけお》の弟で、里見弴《さとみとん》の兄に当たります。二十四歳からローマに居を構え古典美術を学び、またパリでは藤田嗣治《ふじたつぐはる》や梅原龍三郎《うめはらりゅうざぶろう》などとも交流しました。大正三（一九一四）年に二科会《にかかい》を結成したメンバーの一人です。

◆父親は薩摩《さつま》出身の官僚で、大蔵省国債局長を務めました。学習院の初等科から中等科四年まで在籍しました。そんな高級官僚の家で使っていた言葉がここに現れています。小島政二郎《こじままさじろう》（→50−51ページ）の言葉とはまた違った言葉が、同時代の同じ東京で使われていたのです。おもしろいですね。

秋《あき》来《き》ぬと
目《め》にはさやかに　見《み》えねども
風《かぜ》の音《おと》にぞ　おどろかれぬる

藤原敏行《ふじわらのとしゆき》（生年不詳〜九〇一または九〇七）

平安時代前期の歌人で、書家としても有名です。敏行は多くの人から頼まれて『法華経《ほけきょう》』の写経《しゃきょう》をしましたが、そのとき、魚を食べるなどの不浄をしながら筆を取ったので、地獄に落ちたと『宇治拾《うじしゅう》遺《い》物語』には記されています。三十六歌仙の一人です。

◆「立秋を迎えても、まだはっきりと秋の気配を感じることはできないけれど、風の音に、秋の訪れを思わずハッと気づかされました」という歌です。立秋は現在の太陽暦であれば八月七日頃に当たります。夏の盛りでいちばん暑い頃ですね。そんな暑さのなかで、風の音が「秋」を運んできたことを感じるのです。

蜘《く》蛛《も》の糸《いと》

芥川龍之介《あくたがわりゅうのすけ》

この犍陀多《かんだた》という男《おとこ》は、人《ひと》を殺《ころ》したり家《いえ》に火《ひ》をつけたり、いろいろ悪事《あくじ》を働《はたら》いた大泥坊《おおどろぼう》でございますが、それでもたった一《ひと》つ、善《よ》い事《こと》をした覚《おぼ》えがございます。と申《もう》しますのは、ある時《とき》この男《おとこ》が深《ふか》い林《はやし》の中《なか》を通《とお》りますと、小《ちい》さな蜘蛛《くも》が一匹《いっぴき》、路《みち》ばたを這《は》って行《い》くのが見《み》えました。

そこで犍陀多《かんだた》は早速足《さっそくあし》を挙《あ》げて、踏殺《ふみころ》そうと致《いた》しましたが、「いや、いや、これも小《ちい》さいながら命《いのち》のあるものに違《ちが》いない。その命《いのち》を無暗《むやみ》にとるという事《こと》は、いくら何《なん》でも可哀《かわい》そうだ。」と、こう急《きゅう》に思《おも》い返《かえ》してとうとうその蜘蛛《くも》を殺《ころ》さずに助《たす》けてやりました。

お釈迦様《しゃかさま》は地獄《じごく》の容子《ようす》を御覧《ごらん》になりながら、この犍陀多《かんだた》には蜘《く》蛛《も》を助《たす》けた事《こと》があるのを思《おも》い出《だ》しになりました。そうしてそれだけの善《よ》い事《こと》をした報《むくい》には、出来《でき》るならこの男《おとこ》を地獄《じごく》から救《すく》い出《だ》してやろうとお考《かんが》えになりました。

幸《さいわい》、側《そば》を御覧《ごらん》になりますと、翡翠《ひすい》のような色《いろ》をした蓮《はす》の葉《は》の上《うえ》に、極楽《ごくらく》の蜘蛛《くも》が、一匹《いっぴき》美《うつく》しい銀色《ぎんいろ》の糸《いと》をかけておりました。

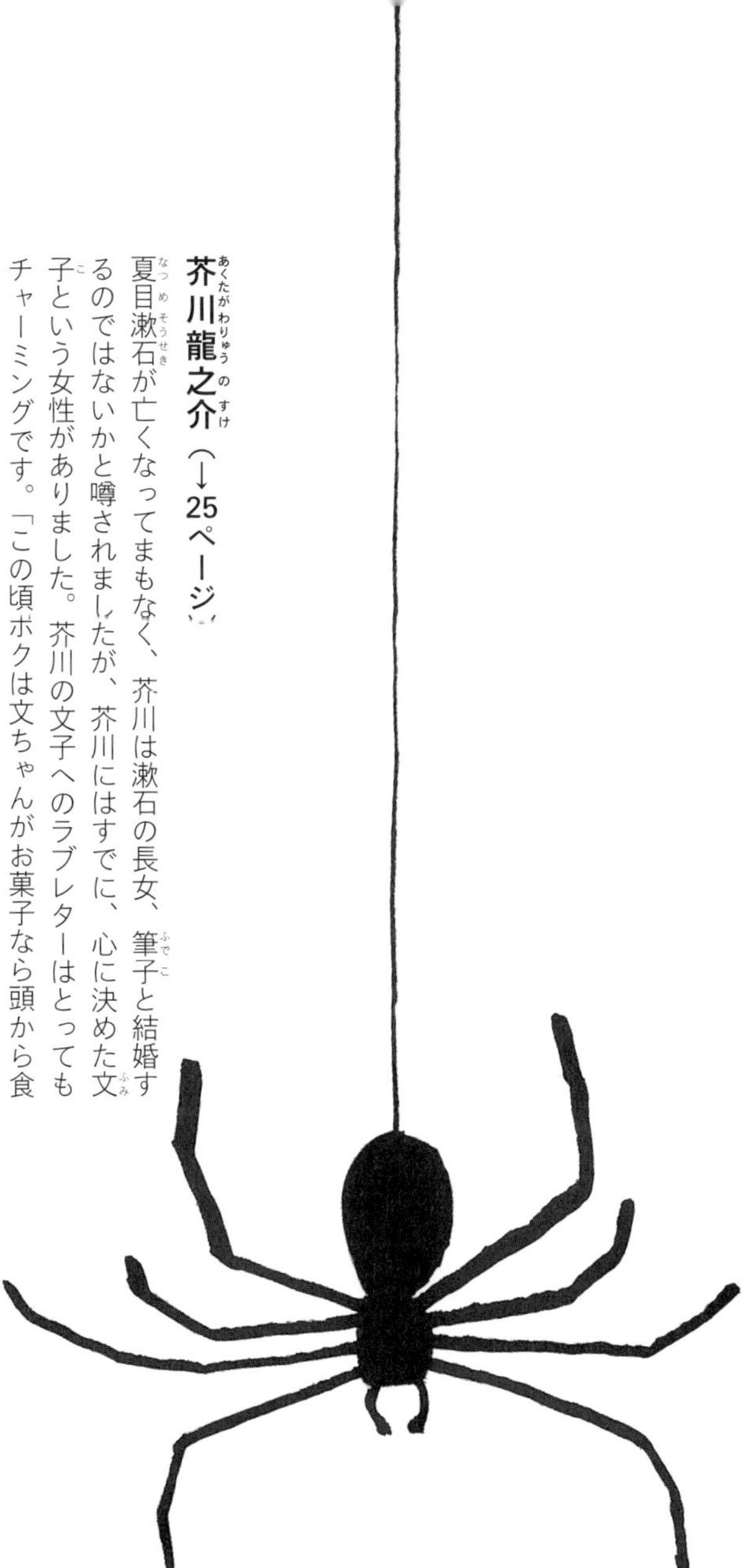

芥川龍之介《あくたがわりゅうのすけ》（→25ページ）

夏目漱石《なつめそうせき》が亡くなってまもなく、芥川は漱石の長女、筆子《ふでこ》と結婚するのではないかと噂されましたが、芥川にはすでに、心に決めた文《ふみ》子《こ》という女性がありました。芥川の文子へのラブレターはとってもチャーミングです。「この頃ボクは文ちゃんがお菓子なら頭から食べてしまいたい位可愛い気がします」なんてことを書いています。

◆「蜘蛛の糸」は芥川が二十六歳のときに、初めて書いた児童向けの短編小説。ドイツ生まれのアメリカ人宗教研究者、ポール・ケーラスが一八九四年に書いた『カルマ』という本を、鈴木大拙《すずきだいせつ》が『因果の小車』という日本語訳で出しました。芥川の『蜘蛛の糸』は、それに収録される「蜘蛛の糸」を題材に書かれたといわれます。

りすりす小栗鼠《こりす》

北原白秋《きたはらはくしゅう》

栗鼠《りす》、栗鼠《りす》、小栗鼠《こりす》、
ちょろちょろ小栗鼠《こりす》、
杏《あんず》の實《ミイ》が赤《あアか》いぞ、
食《た》べ、食《た》べ、小栗鼠《こりす》。

栗鼠《りす》、栗鼠《りす》、小栗鼠《こりす》、
ちょろちょろ小栗鼠《こりす》、
山椒《さんしょ》の露《つウゆ》が青《あアお》いぞ、
飲《の》め、飲《の》め、小栗鼠《こりす》、

栗鼠《りす》、栗鼠《りす》、小栗鼠《こりす》、
ちょろちょろ小栗鼠《こりす》、
葡萄《ぶどう》の花《はアな》が白《しイろ》いぞ、
揺《ゆ》れ、揺《ゆ》れ、小栗鼠《こりす》。

北原白秋《きたはらはくしゅう》（→20ページ）

白秋についてはすでに書きましたが、もう少し付け足しておきましょう。大正七（一九一八）年から小田原に住み、鈴木三重吉《すずきみえきち》の依頼で雑誌『赤い鳥』の童謡、児童詩の欄を担当します。童謡集『とんぼの眼玉』の原稿を書いたのはこの小田原の「木菟《みみずく》の家」とよばれたところでした。

◆この作品も小田原の「木菟の家」で書かれました。白秋の詩にさまざまな色が使われるようになるのはこの頃からです。「杏の実の赤」「山椒の露の青」「葡萄の花の白」、自然の色に敏感になってみるのもとても素敵なことですね。

ボビノが王様《おうさま》になった話《はなし》

野上豊一郎《のがみとよいちろう》

ある夕方《ゆうがた》、ボビノとお父《とう》さんと庭《にわ》を散歩《さんぽ》しておりますと、すぐ頭《あたま》の上《うえ》の木《き》の枝《えだ》で雀《すずめ》が囀《さえず》り出《だ》して、お互《たがい》の話《はなし》が聞《きこ》えなくなりましたので、お父《とう》さんがそれをうるさがりますと、ボビノはお父《とう》さんの機嫌《きげん》を取《と》るようにして、

「雀《すずめ》の話《はな》していることを説明《せつめい》いたしましょうか」と言《い》いました。

お父《とう》さんはびっくりした顔付《かおつき》で息子《むすこ》を見《み》つめておりましたが、

「お前《まえ》は何《なに》をいうのです。どうして雀《すずめ》の話《はなし》がお前《まえ》にわかるものか。お前《まえ》は自分《じぶん》で豫言者《よげんしゃ》だとか魔法使《まほうつかい》だとか思《おも》っているのか」と聞《き》きました。

「私《わたくし》は豫言者《よげんしゃ》でもなければ魔法使《まほうつかい》でもございません。でも、私《わたくし》は先生《せんせい》からあらゆる動物《どうぶつ》の言葉《ことば》を教《おそ》わりました」とボビノが答《こた》えました。

「おやおや、切角金《せっかくかね》をかけて動物《どうぶつ》の言葉《ことば》を教《おそ》わって来《き》たのか」と、お父《とう》さんが言《い》いました。「それは先生《せんせい》の考《かんが》え違《ちが》いだ。私《わたし》はお前《まえ》に

人間《にんげん》の言葉《ことば》を覚《おぼ》えて貰《もら》いたかったのです。動物《どうぶつ》の言葉《ことば》なんぞ覚《おぼ》えて貰《もら》いたくはなかったのです。」

「でも私《わたくし》の先生《せんせい》は、動物《どうぶつ》の言葉《ことば》を先《さき》に覚《おぼ》えてそれから人間《にんげん》の言葉《ことば》を覚《おぼ》えるのが順序《じゅんじょ》だと申《もう》しました」とボビノが答《こた》えました。

野上豊一郎《のがみとよいちろう》（一八八三〜一九五〇）

法政大学総長を務めた、能、英文学の研究者です。大分県臼杵市《うすきし》出身で、東京帝国大学文学部英文科を卒業しました。夏目漱石《なつめそうせき》の門下生です。

◆あらゆる動物の言葉を聞き分けられるなんて、どんなにか素晴らしいことでしょう。飼っている犬や猫、庭に来るスズメの会話。この話の主人公、ボビノはそれらを理解することができるのです。みなさんもぜひ、彼らの鳴き声に耳を傾けてみてください。もしかしたらボビノのように、話していることが分かるかもしれません。

あの紫《むらさき》は

泉鏡花《いずみきょうか》

あの紫《むらさき》は
お池《いけ》の杜若《かきつばた》。
一《ひと》つ橋渡《はしわた》れ。
二《ふた》つ橋渡《はしわた》れ。
三《み》つ四《よ》つ五《いつ》つ。
杜若《かきつばた》の花《はな》も
六《む》つ七《なな》つ八《や》つ橋《はし》。
あの紫《むらさき》は
お姉《ねえ》ちゃんの振袖《ふりそで》。
一《ひと》つ橋渡《はしわた》れ。

泉鏡花《いずみきょうか》（一八七三〜一九三九）
石川県金沢市下新町《しもしんちょう》に生まれた小説家。尾崎紅葉《おざきこうよう》の『二人比丘尼色懺悔《ににんびくにいろざんげ》』を読んで衝撃を受け、小説家になる決意をし、尾崎紅葉を訪ねました。そして尾崎紅葉の推挙によって小説家としての成功を得ます。幻想的な独特の文体、世界観は難しいと敬遠されがちですが、声を出して読んで行くと、驚くべき世界を発見できるでしょう。

二《ふた》つ橋渡《はしわた》れ。
三《み》つ四《よ》つ五《いつ》つ。
お姉《ねえ》ちゃんの年《とし》も
六《む》つ七《なな》つ八《や》つ橋《はし》。

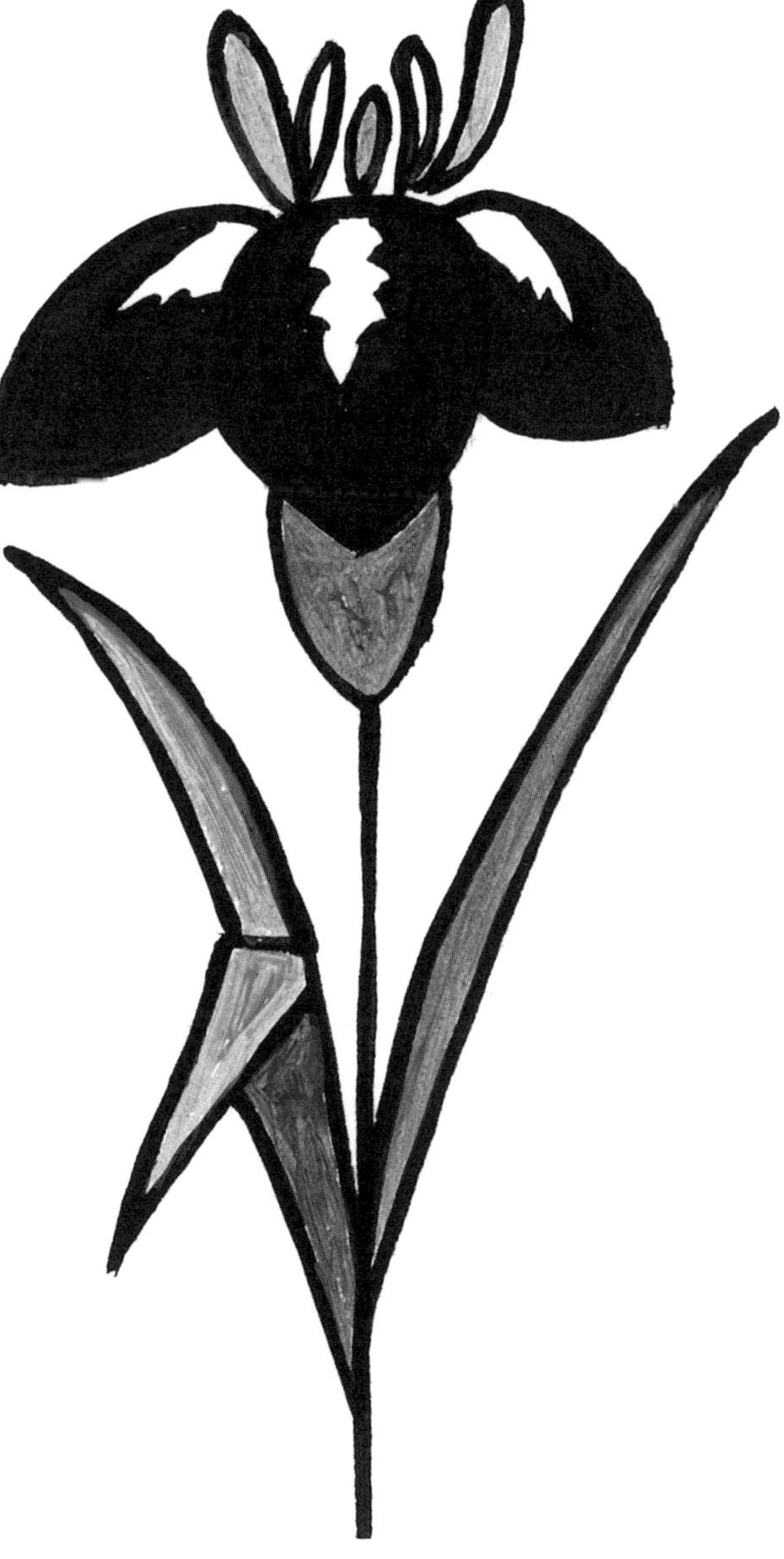

◆三味線の音色が優しく聞こえてきそうではありませんか？　声に出して読んでみて、そして日本的なメロディで曲をつけて歌ってみたらおもしろいかもしれません。日本的なものの真髄を感じることができるのが鏡花の文学のおもしろいところのひとつです。

天《あま》の原《はら》　ふりさけ見《み》れば春日《かすが》なる
三笠《みかさ》の山《やま》に出《い》でし　月《つき》かも

阿倍仲麻呂《あべのなかまろ》（六九八〜七七〇）

奈良時代の遣唐使《けんとうし》、留学生です。唐の科挙に合格し、玄宗《げんそう》皇帝に仕えた、とても優秀な人でした。李白《りはく》や王維《おうい》など著名な詩人とも仲がよく、彼らとやり取りをした漢詩も残されています。帰国を願いますが果たせず、安南都護府《あんなんとごふ》（現・ベトナム、ハノイ市）に在任し亡くなりました。

◆『万葉集』に載せられるこの歌は、百人一首にも採られてよく知られています。仲麻呂の帰国が許された際、友人の王維が詩を贈りますが、その返礼に仲麻呂は、漢詩をつくり、同時にそれを日本語に直して贈ったといわれます。仲麻呂は、唐では「晁衡《ちょうこう》」と名乗っていました。七十三歳で亡くなりました。

正直《しょうじき》もの　小山内薫《おさないかおる》

　ある日《ひ》、一疋《いっぴき》の兎《うさぎ》が狼《おおかみ》の家《うち》の前《まえ》を駈《か》けて通《とお》りました。すると、狼《おおかみ》が

「こら。うさ公《こう》。一寸待《ちょいとま》て。」と呼《よ》び留《と》めました。けれども、兎《うさぎ》は構《かま》わずに、猶《なお》と早《はや》く駈《か》け出《だ》しました。そこで、狼《おおかみ》が大層怒《たいそうおこ》って、その後《あと》を追《お》っかけました。兎《うさぎ》は直《す》ぐと狼《おおかみ》に捕《つか》まえられて了《しま》いました。

「おい。うさ公《こう》。お前《まえ》は俺《おれ》が留《と》まれと言《い》った時《とき》に、なぜ留《と》まらな

かったのだ。」
こう狼《おおかみ》が訊《き》きますと、兎《うさぎ》は震《ふる》えながら答《こた》えました。
「少《すこ》し急《いそ》いだものですから。」
けれども、狼《おおかみ》は聞《き》きませんでした。
「お前《まえ》は俺《おれ》の言《い》う事《こと》を聞《き》かなかったから、その罰《ばつ》に殺《ころ》してやる。
併《しか》し、今日《きょう》は俺《おれ》も俺《おれ》のお上《かみ》さんも、御飯《ごはん》を食《た》べたばかりでお腹《なか》が

一《いっ》ぱいだし、それに餌食《えじき》もまだ五日分位《いつかぶんくらい》はあるから、それの無《な》くなるまで、お前《まえ》はそこの藪《やぶ》の下《した》で待《ま》っているのだ。その時《とき》になれば、勘辨《かんべん》してやるかも知《し》れないよ。」

狼《おおかみ》はこう言《い》って笑《わら》いました。

兎《うさぎ》は藪《やぶ》の下《した》に坐《すわ》って、じっとしていました。少《すこ》しでも動《うご》くと狼《おおかみ》の目《め》がギラギラと光《ひか》るからです。兎《うさぎ》はぶるぶる顫《ふる》えながら、殺《ころ》される日《ひ》を待《ま》っていました。

この兎《うさぎ》はある兎《うさぎ》のお嬢《じょう》さんをお嫁《よめ》に貰《もら》う筈《はず》になっていました。その日《ひ》も、そのお嬢《じょう》さんの所《ところ》へ行《ゆ》こうと思《おも》って、道《みち》を急《いそ》いでいるところを、狼《おおかみ》に捕《つか》まえられてしまったのです。兎《うさぎ》はお嬢《じょう》さんの事《こと》を考《かんが》えてひとりでしくしく泣《な》いていました。

小山内薫《おさないかおる》（一八八一〜一九二八）

日本の近代の演劇界に革新をもたらした劇作家、演出家、批評家です。広島市細工町《さいくまち》（現・中区大手町）出身。東京帝国大学文科大学文学科に在籍中、森鷗外《もりおうがい》の知遇を得て、ヨーロッパの戯曲などを広く日本に紹介しました。ＮＨＫのラジオ劇の演出などを初めて行ったのも小山内薫でした。

◆戯曲を書いたり演出をしたりする人が子ども向けの小説を書くとこうなるのかと思うほどとてもおもしろい作品ですね。狼の言葉など、狼になった気分で声に出してみるとどうでしょう。お嫁さんをもらいに行く途中で、急いでいた兎の気持ちは、いったいどういうものでしょう。

枝《えだ》にもる　朝日《あさひ》の影《かげ》の　すくなさに
すずしさふかき　竹《たけ》のおくかな

京極為兼《きょうごくためかね》（一二五四〜一三三二）

鎌倉時代の公卿《くぎょう》、歌人です。伏見《ふしみ》天皇の和歌の師匠となりましたが、天皇の鎌倉幕府への不信感に対するみせしめとして、為兼は佐渡へ流されたり、土佐に流されたりします。伏見天皇が上皇となったとき、『玉葉《ぎょくよう》和歌集』を撰集《せんしゅう》しました。この歌は、『玉葉和歌集』に収められています。

◆「朝日の影」は「朝日の光」という意味です。夏の早朝、まだ枝から漏れる朝日の光が少ない時間に、為兼は涼しさを求めて竹藪を歩いて行くのです。エアコンや扇風機もない時代、人は涼しさを求めてこうしたところを歩いたのでしょう。「涼しさ深き」という言葉に、シーンとした静寂が漂ってさらに涼しさが増しますね。

蛙《かえる》の王女《おうじょ》

佐藤春夫《さとうはるお》

一番《いちばん》おしまいに弓《ゆみ》を引《ひ》いたのは、イワンという名《な》の一番小《いちばんちい》さい王子《おうじ》でした。この王子《おうじ》の箭《や》は、東《ひがし》へも、西《にし》へも、南《みなみ》へも、北《きた》へも飛《と》ばないで、真《ま》っ直《すぐ》に上《うえ》の方《ほう》へ高《たか》く舞《ま》い上《あ》がってしまいました。さうて、しまいに、どこへ落《お》ちたものやら、誰《だれ》の目《め》にも見《み》えませんでした。

イワン王子《おうじ》は、自分《じぶん》だけは箭《や》もお妃《きさき》も見《み》つからないので、大《たい》へん悲《かな》しく思《おも》いまして、二日二晩《ふつかふたばん》、野《の》や山《やま》や、森《もり》や、そこらじゅうを歩《ある》きまわって、自分《じぶん》の箭《や》のおちたところを探《さが》しまわりました。けれども箭《や》はどうしても見《み》つかりませんでした。三日目《みっかめ》の夕方《ゆうがた》になって、イワン王子《おうじ》はある遠《とお》い沼《ぬま》のそばへ歩《ある》いて来《き》ました。

すると白《しろ》い矢羽根《やばね》に赤《あか》い印《しるし》のある、自分《じぶん》の箭《や》が、その沼地《ぬまち》の青《あお》い苔《こけ》の上《うえ》に、ちょこんと突立《つきた》って居《お》りました。よく見《み》ますと、そのささった箭《や》のそばには、一疋《いっぴき》の青《あお》い蛙《かえる》が坐《すわ》って居《い》ました。

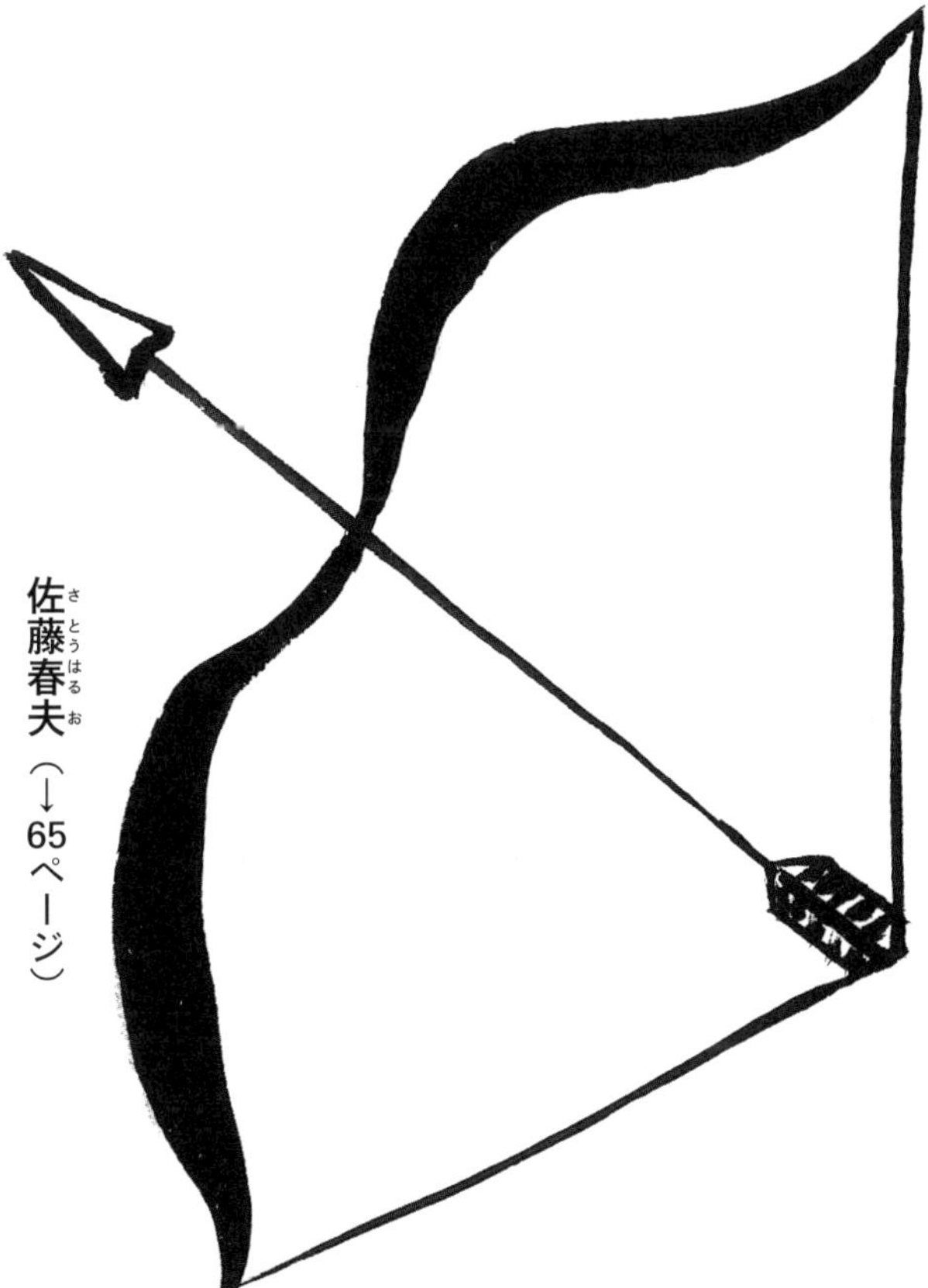

佐藤春夫《さとうはるお》（→65ページ）

佐藤は、これを書いた頃、悩んでいました。谷崎潤一郎《たにざきじゅんいちろう》の奥さんを好きになり、谷崎は「それなら譲ってやる」と言ったのに、約束を果たさなかったからです。谷崎は奥さんの妹と一緒になろうとしたのですが、妹が谷崎を拒んだのでした。これは小田原《おだわら》事件とよばれています。佐藤が谷崎の奥さんを譲り受けたのは九年後でした。

◆王子がお嫁さんを探すために弓を射るというのは、ヨーロッパの昔話によくあるものだといってしまえばそれまでですが、これを書いている間も佐藤春夫は谷崎の奥さんのことを考えていたに違いありません。蛙の王女は、もしかしたら谷崎の奥さんなのかもしれません。

鷹《たか》の御殿《ごてん》

秋田《あきた》雨雀《うじゃく》

昔《むかし》ロシアのある田舎《いなか》にかなり大《おお》きな地主《じぬし》のお爺《じい》さんがあって、そのお爺《じい》さんに三人《さんにん》の美《うつく》しい娘《むすめ》さんがありました。上《うえ》の二人《ふたり》の娘《むすめ》は中々《なかなか》元氣《げんき》で、何方《どっち》かといえば、おしゃべりで、見《み》え坊《ぼう》な方《ほう》でしたが、三番目《さんばんめ》の娘《むすめ》は無口《むくち》な恥《はずか》しがりやでした。然《しか》しお爺《じい》さんはこの三人《さんにん》の娘《むすめ》を何《いず》れ劣《おと》らず可愛《かわい》がっていました。

ある年《とし》の冬《ふゆ》、お爺《じい》さんは春《はる》の支度《したく》をするために、その田舎《いなか》から少《すこ》し離《はな》れた町《まち》へ買《か》い物《もの》に行《ゆ》くことになりました。お爺《じい》さんは町《まち》へ行《ゆ》く時《とき》三人《さんにん》の娘《むすめ》に向《むか》って、お前達《まえたち》の欲《ほ》しいと思《おも》うものは何《なん》でもいうがいい、私《わし》がお土産《みやげ》に買《か》って来《き》てあげるからといいました。第《だい》一番目《いちばんめ》の娘《むすめ》は、

「お父《とう》さん、私《わたし》には金《きん》の指輪《ゆびわ》と靴《くつ》を買《か》って来《き》てください。」といいました。

第二番目《だいにばんめ》の娘《むすめ》は、

「私《わたし》には天鵞絨《ビロード》の上着《うわぎ》と絹《きぬ》のショールを買《か》って来《き》てください。」

といいました。すると第三番目《だいさんばんめ》の娘《むすめ》は、
「お父《とう》さん私《わたし》は何《なに》もいりません。ただ赤《あか》い花《はな》が欲《ほし》いんです。」といいました。

秋田雨雀《あきたうじゃく》（一八八三〜一九六二）

青森県南津軽郡黒石町《みなみつがるぐんくろいしまち》（現・黒石市）に生まれた詩人、童話作家、翻訳家です。また東京都豊島区にある舞台芸術学院の初代学長を務めました。

◆雨雀は、ロシアのエスペラント（世界共通語）学者であるヴァスィリー・エロシェンコと親交を結びます。エロシェンコは視覚障害者だったために東京盲学校でマッサージを学ぼうと東京にいたのです。ここに掲載した話もロシアを舞台にしたものです。もしかしたらエロシェンコから聞いたものだったのかもしれませんね。

故郷《ふるさと》

高野辰之《たかのたつゆき》

兎《うさぎ》追《お》いしかの山《やま》、
小鮒《こぶな》釣《つ》りしかの川《かわ》、
夢《ゆめ》は今《いま》もめぐりて、
忘《わす》れがたき故郷《ふるさと》。

如何《いか》にいます父母《ちちはは》、
恙《つつが》なしや友《とも》がき、
雨《あめ》に風《かぜ》につけても、
思《おも》いいずる故郷《ふるさと》。

高野辰之《たかのたつゆき》（一八七六～一九四七）
長野県下水内郡豊田《しもみのちぐんとよた》村（現・中野市永江《ながえ》）出身の国文学者です。東京音楽学校の教授となり『日本歌謡史』『日本演劇史』などをのこしています。尋常小学唱歌のために「故郷」のほか、「朧月夜《おぼろづきよ》」「もみじ」「春がきた」「春の小川」などの詩を書きました。

◆「うさぎは美味しい、蚊の山」という意味ではありませんからご注意を！大正三（一九一四）年に尋常小学唱歌の第六学年用として発表されました。生まれ故郷を離れ、学問や仕事に励む人たちの心を代弁する美しい詩は、岡野貞一《おかのていいち》の美しい旋律と一体になって、多くの人が好んで歌っています。

こころざしをはたして、
いつの日《ひ》にか帰《かえ》らん、
山《やま》はあおき故郷《ふるさと》。
水《みず》は清《きよ》き故郷《ふるさと》。

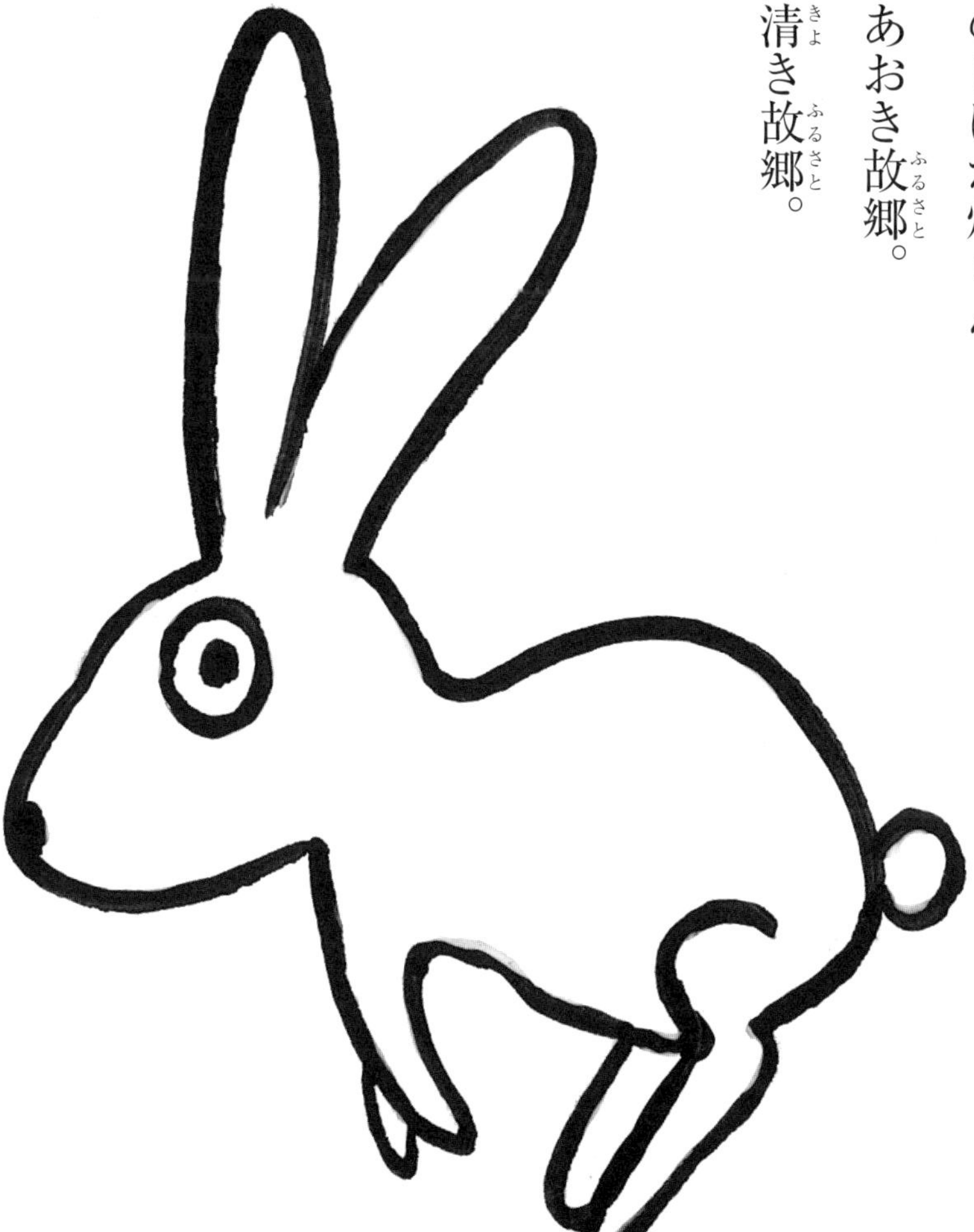

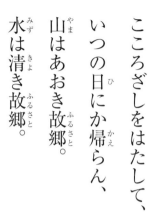

一枚《いちまい》の　餅《もち》のごとくに　雪残《ゆきのこ》る

川端茅舎《かわばたぼうしゃ》（一八九七〜一九四一）

東京市日本橋蛎殻町《かきがら》（現・中央区日本橋蛎殻町）に生まれました。画家を目指し岸田劉生《きしだりゅうせい》に師事しますが、結核に身体を蝕《むしば》まれて、画家の道を断念し、俳諧《はいかい》の道に進みました。川端茅舎は「ごとく」を使った譬喩《ひゆ》を多用し「如《ごと》く俳句」などとよばれます。

◆「餅のように残った雪」という表現に皆さんはどんなイメージをもちますか？　四角いお餅？　丸いお餅？　冷たい冬の雪？　春間近に積もった雪？　自分の家の庭を見て、それともどこか旅行に行ったときに見た雪？　俳句は、発想を変えてイメージを膨らませることができます。いろんな場面を考えて、何度も読んでみて下さい。

草枕《くさまくら》　夏目漱石《なつめそうせき》

山路《やまみち》を登《のぼ》りながら、こう考《かんが》えた。

智《ち》に働《はたら》けば角《かど》が立《た》つ。情《じょう》に棹《さお》させば流《なが》される。意地《いじ》を通《とお》せば窮《きゅう》屈《くつ》だ。とかくに人《ひと》の世《よ》は住《す》みにくい。

住《す》みにくさが高《こう》じると、安《やす》い所《ところ》へ引《ひ》き越《こ》したくなる。どこへ越《こ》しても住《す》みにくいと悟《さと》った時《とき》、詩《し》が生《う》まれて、画《え》が出来《でき》る。

夏目漱石《なつめそうせき》（一八六七〜一九一六）
江戸、牛込馬場下横町《うしごめばばしたよこまち》（現・新宿区喜久井町）に生まれた英文学者、小説家です。一九〇五年に雑誌『ホトトギス』に発表した『吾輩《わがはい》は猫である』が好評となり小説を書き始めます。そして東京帝国大学の講師を辞め、東京朝日新聞社に入社。多くの連載小説を発表しました。

◆明治三十九（一九〇六）年に発表した作品です。熊本県玉名市小天温泉《たまなしおあまおんせん》を舞台に、洋画家である主人公が「今まで見た女のうちでもっともうつくしい所作をする女」である宿の女主人を通して、東洋の芸術や文学について独白するという、漱石の初期の作品の中でも特異な性質をもった重要な作品です。

道程《どうてい》

高村光太郎《たかむらこうたろう》

僕《ぼく》の前《まえ》に道《みち》はない
僕《ぼく》の後《うし》ろに道《みち》は出来《でき》る
ああ、自然《しぜん》よ
父《ちち》よ
僕《ぼく》を一人立《ひとりだ》ちにさせた広大《こうだい》な父《ちち》よ
僕《ぼく》から目《め》を離《はな》さないで守《まも》る事《こと》をせよ
常《つね》に父《ちち》の気魄《きはく》を僕《ぼく》に充《み》たせよ
この遠《とお》い道程《どうてい》のため
この遠《とお》い道程《どうてい》のため

高村光《たかむらこう》太郎《たろう》（一八八三〜一九五六）

東京市下谷《したや》西町《にしまち》（現・台東区東上野一丁目）出身の彫刻家、詩人です。東京美術学校（現・東京芸術大学美術学部）を卒業しました。ニューヨーク、ロンドン、パリに留学しました。青森県・秋田県にまたがる十和田《とわだ》湖の湖畔には、高村光太郎作「乙女の像」が建てられています。『智恵子抄《ちえこしょう》』などの詩人としても有名です。

◆自分が進もうとしている芸術や人生の道は、自分で開拓して行かなければならない。私を甘やかさずに突き放し、一人立ちさせた自然という父に感謝する。目を離さないで見守り、励まし、自然の気魄を私に充たしてほしい。この未来への長く険しい道のりを生き抜くために。自分に言い聞かせるための、何と力強い言葉でしょう。

出典

風＊竹下夢二『名著複刻 日本児童文学館 第二集⑱ 竹下夢二著 春』ほるぷ出版

東風吹かばにおいおこせよ梅の花〜＊菅原道真『新編日本古典文学全集 34 大鏡』小学館

竹＊萩原朔太郎『日本の詩歌 14 萩原朔太郎』中央公論社

幸福＊島崎藤村『日本児童文学名作集（下）』岩波書店

朝顔に釣瓶とられてもらい水＊千代女『角川俳句大歳時記 秋』KADOKAWA

手袋を買いに＊新美南吉『新美南吉童話集』岩波書店

ペンギン＊北原白秋『白秋全集3』岩波書店

東の野にかぎろいの立つ見えて〜＊柿本人麻呂『新編日本古典文学全集 6 萬葉集①』小学館

蛙＊芥川龍之介『芥川龍之介全集 第二巻』岩波書店

ごん狐＊新美南吉『赤い鳥』第一号第三巻昭和七年一月発行

谺して山ほととぎすほしいまま＊杉田久女『角川俳句大歳時記 夏』KADOKAWA

赤い鳥小鳥＊北原白秋『赤い鳥』第一巻第四号大正七年十月発行

ねんねんねむの木＊平井泰太郎『赤い鳥』第一巻第二号大正七年八月発行

雨＊北原白秋『赤い鳥』第一巻第三号大正七年九月発行

ア、秋＊太宰治『太宰治全集 第三巻』筑摩書房

大いたち＊鈴木三重吉『赤い鳥』第一巻第一号大正七年七月発行

天つ風雲の通い路吹きとじよ〜＊遍昭『新編日本古典文学全集 11 古今和歌集』小学館

黄金の卵＊坂田匏瓜『赤い鳥』第一巻第四号大正七年十月発行

雪の障子＊島崎藤村『エッセイの贈りもの 1』岩波書店

虫＊八木重吉『八木重吉詩集』白凰社・青空文庫

烏の手柄＊小島政二郎『赤い鳥』第一巻第二号大正七年八月発行

寒雷やびりりびりりと真夜の玻璃＊加藤楸邨『角川俳句大歳時記 冬』KADOKAWA

ぶくぶく長々火の目小僧＊鈴木三重吉『赤い鳥』第一巻第一号大正七年七月発行

かなりあ＊西條八十『赤い鳥』第一巻第五号大正七年十一月発行

風の又三郎＊宮澤賢治『風の又三郎』岩波書店

鼻きき源兵衛＊森田草平『赤い鳥』第一巻第三号大正七年九月発行

木の實鳥の櫛＊河上ぬひ子『赤い鳥』第一巻第一号大正七年七月発行

田園の憂鬱＊佐藤春夫『田園の憂鬱』岩波書店

泣いて褒られた話＊有島生馬『赤い鳥』第一巻第二号大正七年八月発行

秋来ぬと目にはさやかに見えねども〜＊藤原敏行『新編日本古典文学全集 11 古今和歌集』小学館

蜘蛛の糸＊芥川龍之介『赤い鳥』第一巻第一号大正七年七月発行

りすりす小栗鼠＊北原白秋『赤い鳥』第一巻第一号大正七年七月発行

ボビノが王様になった話＊野上豊一郎『赤い鳥』第一巻第五号大正七年十一月発行

あの紫は＊泉鏡花『赤い鳥』第一巻第一号大正七年七月発行

天の原ふりさけ見れば春日なる〜＊阿倍仲麻呂『新編日本古典文学全集 11 古今和歌集』小学館

正直もの＊小山内薫『赤い鳥』第一巻第二号大正七年八月発行

枝にもる朝日の影のすくなさに〜＊京極為兼『校註國歌大系 第六巻』誠文堂

蛙の王女＊佐藤春夫『赤い鳥』第一巻第三号大正七年九月発行

鷹の御殿＊秋田雨雀『赤い鳥』第一巻第四号大正七年十月発行

故郷＊高野辰之『日本唱歌集』岩波書店

一枚の餅のごとくに雪残る＊川端茅舎『名著複刻 詩歌文学館〈石楠花セット〉川端茅舎句集』ほるぷ出版

草枕＊夏目漱石『漱石全集 第三巻』岩波書店

道程＊高村光太郎『日本の詩歌 10』中央公論社

著者略歴

1963年、長崎県に生まれる。大東文化大学文学部教授。中国山東大学客員教授。博士（中国学）。フランス国立社会科学高等研究院大学院に学ぶ。ケンブリッジ大学東洋学部共同研究員などを経て、現職。イラストレーター、書家としても活動。

著書にはベストセラー『心とカラダを整える おとなのための1分音読』（自由国民社）、『語彙力がないまま社会人になってしまった人へ』（ワニブックス）をはじめ、『日本語通』（新潮新書）、『日本語を作った男』（集英社インターナショナル、第29回和辻哲郎文化賞受賞）、『文豪の凄い語彙力』『一字違いの語彙力』『頭のいい子に育つ0歳からの親子で音読』『ステップアップ 0歳音読』、監修に『頭のいい一級の語彙力集成』（以上、さくら舎）などがある。

いい子《こ》が生《う》まれる 胎教《たいきょう》音読《おんどく》

二〇二〇年八月一三日 第一刷発行

著者 山口謠司《やまぐちヨウジ》

発行者 古屋信吾

発行所 株式会社さくら舎 http://sakurasha.com
東京都千代田区富士見一-二-一一 〒一〇二-〇〇七一
電話 営業 〇三-五二一一-六五三三 FAX 〇三-五二一一-六四八一
編集 〇三-五二一一-六四八〇
振替 〇〇一九〇-八-四〇二〇六〇

装丁 アルビレオ

印刷・製本 中央精版印刷株式会社

組版 朝日メディアインターナショナル株式会社

ISBN978-4-86581-258-9

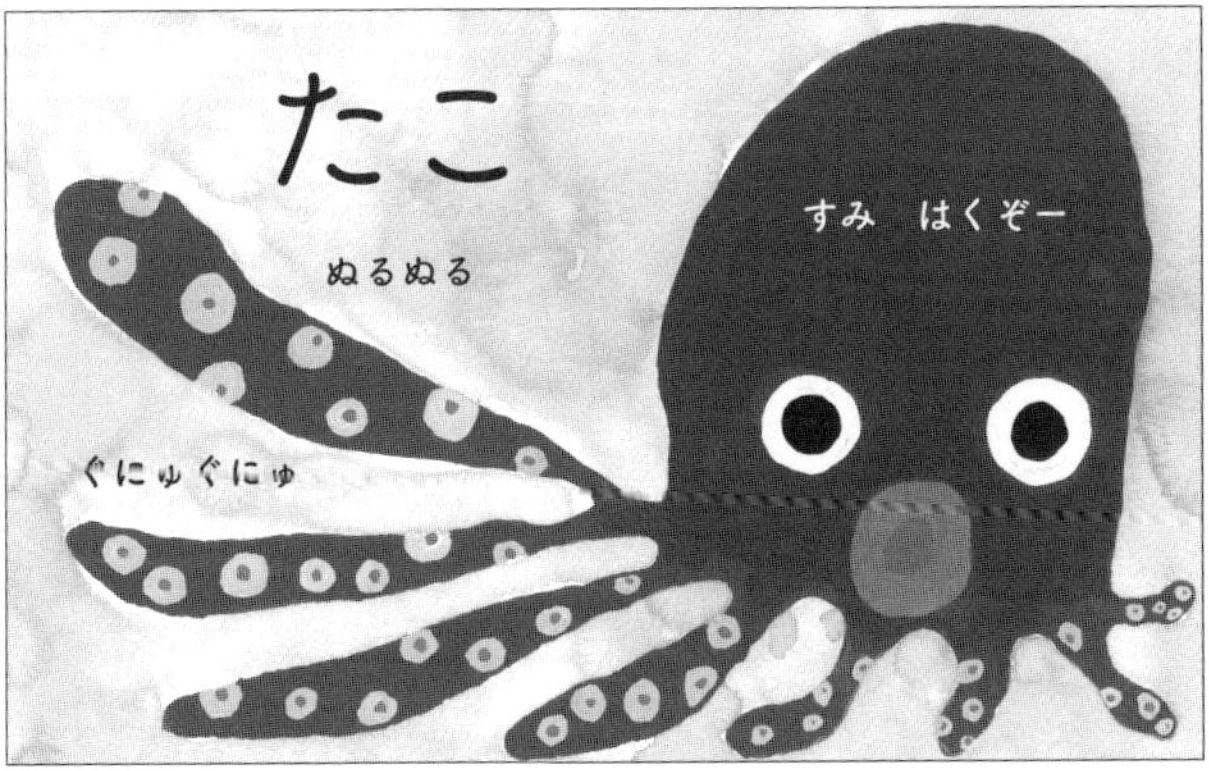
たこ
すみ　はくぞー
ぬるぬる
ぐにゅぐにゅ

みかん
おおきいみかん
ころころ　みかん

1000円（＋税）

定価は変更することがあります。

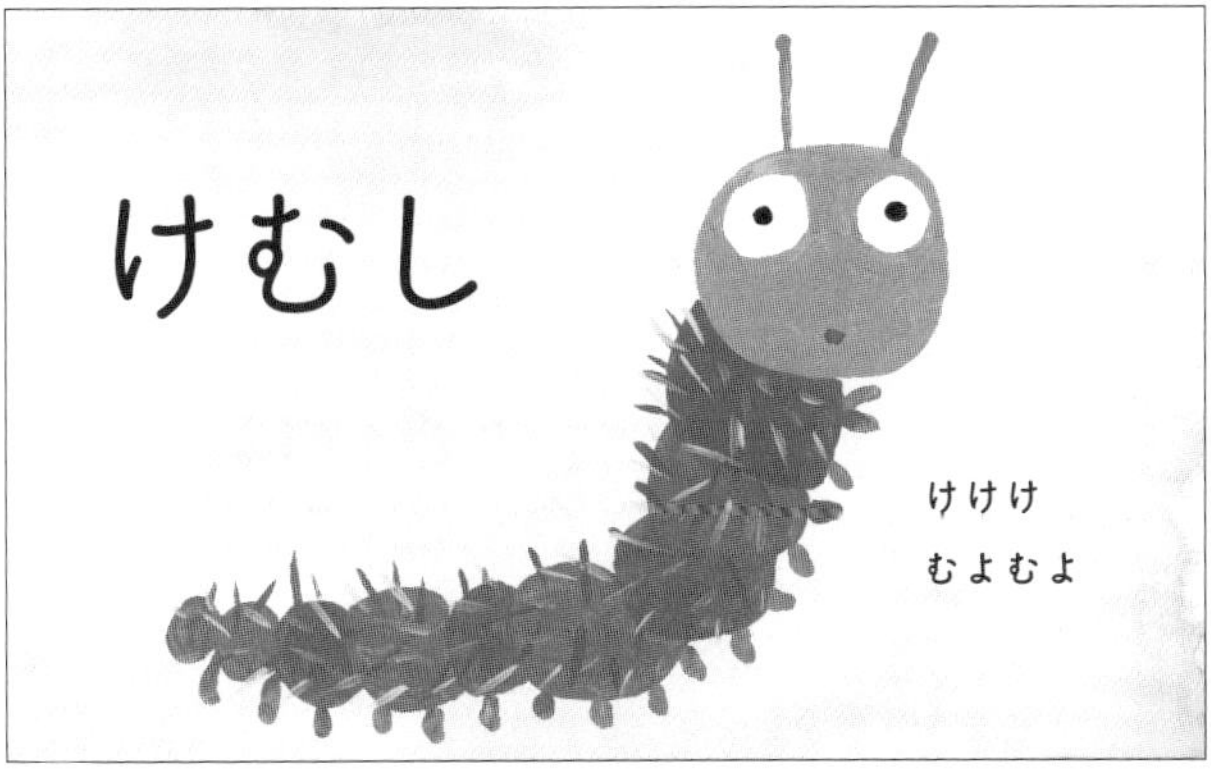
けむし
けけけ
むよむよ

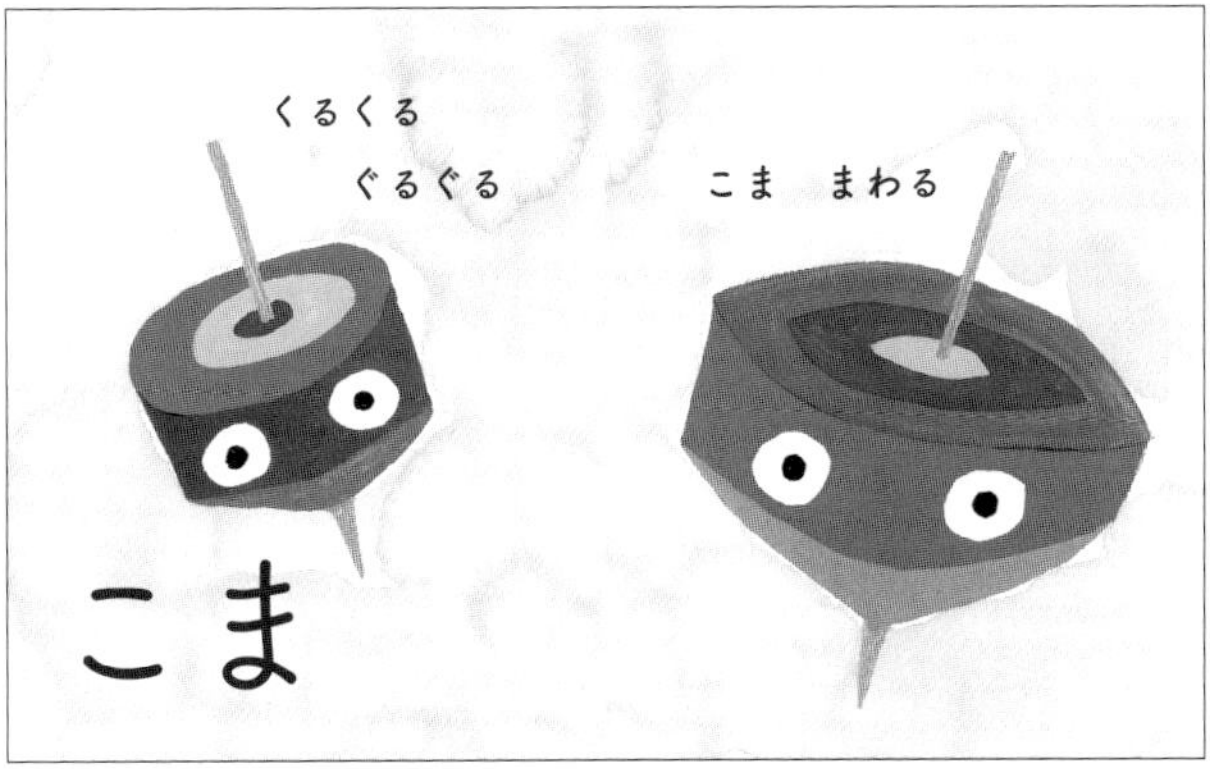
くるくる
ぐるぐる
こま　まわる
こま

1000円（＋税）

定価は変更することがあります。